# Llawlyfr Adolygu
# Mathemateg TGAU

# HAEN GANOLRADD

Golygwyd gan Richard Parsons

Y fersiwn Saesneg:
**Revision Guide for G.C.S.E. Mathematics – Intermediate Level** (Third Edition)


© 1996 Richard Parsons
Cyhoeddwyd gan:
The Mathematics Coordination Group,
Kirkby-in-Furness,
Cumbria,
LA17 7WZ


Yr addasiad Cymraeg:
ⓗ Awdurdod Cymwysterau, Cwricwlwm ac Asesu Cymru 1999

Ail Argraffiad: Ebrill 2000
Mae hawlfraint ar y deunyddiau hyn ac ni ellir eu hatgynhyrchu na'u cyhoeddi heb ganiatâd perchennog yr hawlfraint.


Cyhoeddwyd gan:
Y Ganolfan Astudiaethau Addysg
Prifysgol Cymru
Yr Hen Goleg
Aberystwyth
Ceredigion
SY23 2AX

ISBN 1 85644 391 4


Paratowyd yr addasiad Cymraeg gan Ffion Kervegant, Marian B. Hughes a Dafydd Kirkman


Golygwyd gan Marian B. Hughes a Dafydd Kirkman

Dylunwyd gan Richard Huw Pritchard

Argraffwyd gan Argraffwyr Cambria, Aberystwyth


Cydnabyddiaethau:
Ein diolch cywiraf i
Rhiannon Bill, Ysgol Gyfun Llanhari a
Dylan Davies, Ysgol Maes Garmon, Yr Wyddgrug
am fwrw golwg dros y deunydd ar ran ACCAC.

# Cynnwys

# Adran 1

## Lluosrifau, Ffactorau a Ffactorau Cysefin

### Lluosrifau

> Yn syml, **LLUOSRIFAU** rhif yw ei **DABL LLUOSI**

E.e. **lluosrifau 13** yw    13   26   39   52   65   78   91   104   ...

### Ffactorau

> **FFACTORAU** rhif yw'r holl rifau sy'n **RHANNU'N UNION I MEWN IDDO**. Mae ffordd arbennig o ddod o hyd iddynt:

**E.e. darganfyddwch HOLL ffactorau 24**

Dechreuwch gyda 1 × y rhif ei hun, yna cynigiwch 2 ×, yna 3 ×, ac yn y blaen, gan restru'r parau mewn rhesi fel hyn. Cynigiwch bob un yn ei dro a rhowch farc (–) os nad yw'n rhannu'n union. Yn y diwedd, pan gewch rif sy'n cael ei **ailadrodd, stopiwch**.

Cynyddu o 1 bob tro

$1 \times 24$
$2 \times 12$
$3 \times 8$
$4 \times 6$
$5 \times -$
$6 \times 4$

> Felly **FFACTORAU 24** yw **1, 2, 3, 4, 6, 8, 12, 24**

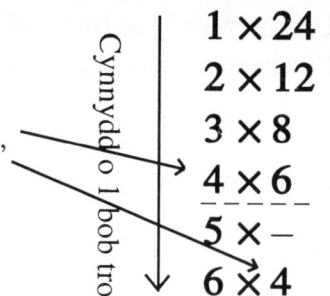

Mae'r dull hwn yn sicrhau eich bod yn eu darganfod **i gyd**.   Peidiwch ag anghofio 1 a 24!

### Enghraifft 2   Darganfyddwch ffactorau 64

$1 \times 64$
$2 \times 32$
$3 \times -$
$4 \times 16$
$5 \times -$
$6 \times -$
$7 \times -$
$8 \times 8$

**Gwiriwch bob rhif yn ei dro**, er mwyn gweld a yw'n rhannu'n union ai peidio. Defnyddiwch eich cyfrifiannell os nad ydych yn hollol sicr.

Mae 8 yn cael ei ailadrodd, felly **stopiwch** yma.

> Felly **FFACTORAU 64** yw **1, 2, 4, 8, 16, 32, 64**

### Darganfod Ffactorau Cysefin – Y Goeden Ffactorau

Gellir hollti unrhyw rif yn **gyfres o RIFAU CYSEFIN wedi eu lluosi â'i gilydd**. Dyma beth yw "**mynegi rhif fel lluoswm ei ffactorau cysefin**".

"**Dull y Goeden Ffactorau**", sy'n eithaf difyr, yw'r gorau, ac yma rydych yn dechrau ar y top ac yn hollti eich rhifau yn ffactorau fel y dangosir. Bob tro y byddwch yn cael rhif cysefin rydych yn rhoi cylch o'i gwmpas ac yn y diwedd bydd gennych yr holl ffactorau cysefin, ac yna gallwch eu gosod mewn trefn.

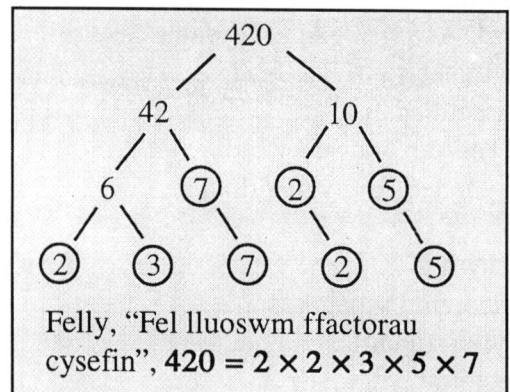

Felly, "Fel lluoswm ffactorau cysefin", $420 = 2 \times 2 \times 3 \times 5 \times 7$

### Y Prawf Hollbwysig

Yna ceisiwch wneud y canlynol **heb gymorth nodiadau**:

> **DYSGWCH** beth yw **Lluosrifau, Ffactorau** a **Ffactorau Cysefin, A SUT I'W DARGANFOD. Cuddiwch y tudalen ac ysgrifennu hyn.**

1) Gwnewch restr o 10 lluosrif cyntaf 7 a 9. Beth yw eu Lluosrif Cyffredin Lleiaf (Ll.C.Ll.)?

2) Gwnewch restr o **holl** ffactorau 36 ac 84. Beth yw eu Ffactor Cyffredin Mwyaf (Ff.C.M.)?

3) Mynegwch y canlynol fel lluoswm eu ffactorau cysefin: **a)** 990   **b)** 160.

# Rhifau Cysefin

## 1) Yn syml, ni ellir rhannu RHIF CYSEFIN yn union ag unrhyw rif ac eithrio ag 1 a'r rhif ei hun.

A dyna'r **ffordd orau o feddwl amdanynt.**

Felly, **Rhifau Cysefin** yw'r holl rifau **NAD YDYNT** yn ymddangos yn y Tablau Lluosi:

| 2 | 3 | 5 | 7 | 11 | 13 | 17 | 19 | 23 | 29 | 31 | 37 | ... |

Fel y gwelwch, maent yn rhifau trafferthus yr olwg. Er enghraifft:

Yr unig rifau sy'n lluosi i roi 7 yw $\quad 1 \times 7$

Yr unig rifau sy'n lluosi i roi 31 yw $\quad 1 \times 31$

Yn wir, **yr unig ffordd** i gael **UNRHYW RIF CYSEFIN** yw $1 \times$ Y RHIF EI HUN

## 2) Maent i gyd yn diweddu ag 1, 3, 7 neu 9
### (ac eithrio'r rhifau cysefin 2 a 5)

1) **NID yw 1 yn rhif cysefin**

2) Y pedwar rhif cysefin cyntaf yw **2, 3, 5 a 7**

3) Mae'r **rhifau cysefin 2 a 5 yn EITHRIADAU.**

   Mae'r gweddill i gyd yn diweddu ag **1, 3, 7 neu 9**

4) Ond **NID YW** pob rhif sy'n diweddu ag 1, 3, 7 neu 9 yn rhif cysefin.

   (Dim ond y rhifau sydd mewn cylchoedd sy'n rhifau cysefin)

1 ② ③ ⑤ ⑦ 9
⑪ ⑬ ⑰ ⑲
21 ㉓ 27 ㉙
㉛ 33 ㊲ 39
㊶ ㊸ ㊼ 49
51 ㊼ 57 ㊾
㊶ 63 ㊿ 69

## 3) Sut i Ddarganfod Rhifau Cysefin – Dull Syml

1) Gan fod pob rhif cysefin (sy'n fwy na 5) **yn diweddu ag 1, 3, 7 neu 9**, yna i ddarganfod rhif cysefin rhwng 70 ac 80, **yr unig bosibiliadau yw: 71, 73, 77 a 79**

2) Nawr **rhannwch bob un â 3 ac â 7** i ddarganfod pa rai ohonynt **YW'R RHIFAU CYSEFIN.** Os nad yw'r rhif yn rhannu'n union â 3 nac â 7, yna mae'n rhif cysefin. (Mae'r rheol syml hon sy'n defnyddio 3 a 7 yn ddilys yn unig ar gyfer darganfod rhifau cysefin hyd at 120)

Felly, i ddarganfod y rhifau cysefin rhwng 70 ac 80, ceisiwch rannu 71, 73, 77 a 79 â 3 ac â 7.

$71 \div 3 = 23.667$ $\qquad$ $71 \div 7 = 10.143$ felly **MAE 71 yn rhif cysefin** (gan ei fod yn diweddu ag 1, 3, 7 neu 9 ac nid yw'n rhannu'n union â 3 nac â 7)

------------------------

$73 \div 3 = 24.333$ $\qquad$ $73 \div 7 = 10.429$ felly **MAE 73 yn rhif cysefin**

------------------------

$79 \div 3 = 26.333$ $\qquad$ $79 \div 7 = 11.286$ felly **MAE 79 yn rhif cysefin**

------------------------

$77 \div 3 = 25.667$ **OND:** $\quad 77 \div 7 = 11.$ Mae 11 yn rhif cyfan, felly **NID yw 77 yn rhif cysefin**, gan ei fod yn rhannu'n union â 7 $\quad (7 \times 11 = 77)$

## Y Prawf Hollbwysig | DYSGWCH y prif bwyntiau am y Rhifau Cysefin

**Cuddiwch y tudalen** ac **ysgrifennwch** y prif bwyntiau.

1) Ysgrifennwch y 15 rhif cysefin cyntaf (*heb* edrych ar y daflen).

2) Gan ddefnyddio'r dull uchod, darganfyddwch yr holl rifau cysefin rhwng 90 a 110.

# Dilyniannau Arbennig o Rifau

Mae PUMP dilyniant arbennig o rifau y dylech eu GWYBOD:

## 1) EILRIFAU  ... yn rhannu â 2

**2  4  6  8  10  12  14  16  18  20 ...**

Mae pob EILRIF yn **DIWEDDU â 0, 2, 4, 6
neu 8**  e.e. 200, 342, 576, 94

## 2) ODRIFAU  ... ddim yn rhannu â 2

**1  3  5  7  9  11  13  15  17  19  21  ...**

Mae pob ODRIF yn **DIWEDDU ag 1, 3, 5, 7
neu 9**  e.e. 301, 95, 807, 43

## 3) RHIFAU SGWÂR

(1×1) (2×2) (3×3) (4×4) (5×5) (6×6) (7×7) (8×8) (9×9) (10×10) (11×11) (12×12) Etc.

**1    4    9    16    25    36    49    64    81    100    121    144 ...**

3    5    7    9    11    13    15    17    19    21    23

Mae'r **GWAHANIAETHAU**
rhwng y **rhifau sgwâr** i gyd
yn ODRIFAU.

Maent yn cael eu galw'n **RHIFAU
SGWÂR** oherwydd eu bod yn
rhoi arwynebedd y sgwariau yn y
patrwm hwn:

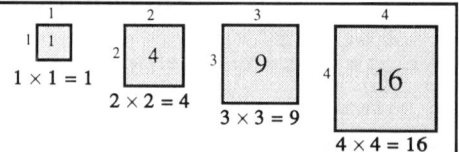

$1 \times 1 = 1$    $2 \times 2 = 4$    $3 \times 3 = 9$    $4 \times 4 = 16$

## 4) RHIFAU CIWB

(1×1×1) (2×2×2)  (3×3×3)  (4×4×4)  (5×5×5)  (6×6×6)  (7×7×7)  (8×8×8)  (9×9×9)  (10×10×10)...

**1    8    27    64    125    216    343    512    729    1000  ...**

Maent yn cael eu galw yn **RHIFAU CIWB**
oherwydd eu bod yn rhoi cyfaint y ciwbiau yn y
patrwm hwn:

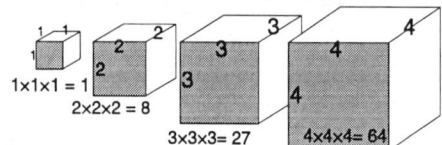

$1\times1\times1 = 1$    $2\times2\times2 = 8$    $3\times3\times3 = 27$    $4\times4\times4 = 64$

## 5) RHIFAU TRIONGL

I gofio'r rhifau triongl rhaid i chi ddarlunio'r **patrwm cynyddol
hwn o drionglau** yn eich meddwl, lle mae pob rhes newydd yn
cynnwys **un smotyn yn fwy** na'r rhes o'i blaen.

**1    3    6    10    15    21    28    36    45    55 ...**

2    3    4    5    6    7    8    9    10    11    12

Mae'n werth dysgu'r **patrwm hwn o wahaniaethau syml**, yn ogystal â'r fformwla
ar gyfer yr **_n_fed** term (gweler t. 21), sef:

$$n\text{fed term} = \tfrac{1}{2}n(n + 1)$$

## Y Prawf Hollbwysig

**DYSGWCH y 10 RHIF** cyntaf ym **mhob un o'r pum
dilyniant**: EILRIFAU, ODRIFAU, RHIFAU SGWÂR,
RHIFAU CIWB A RHIFAU TRIONGL.

1) Cuddiwch y tudalen ac ysgrifennwch y **15** rhif cyntaf ym mhob un o'r pum dilyniant.
2) O'r rhestr hon o rifau:  23, 45, 56, 81, 25, 97, 134, 156, 125, 36, 1, 64
   ysgrifennwch **a)** yr holl **eilrifau**   **b)** yr holl **odrifau**   **c)** yr holl **rifau sgwâr**
   **ch)** yr holl **rifau ciwb**   **d)** yr holl **rifau triongl**

# Ffracsiynau, Degolion a Chanrannau

Un gair a allai ddisgrifio'r tri hyn yw CYFRANNEDD. Tair ffordd wahanol o fynegi cyfrannedd o rywbeth ydynt, ac mae'n bwysig eich bod yn gweld eu bod yn perthyn **yn agos iawn i'w gilydd ac y gallwch newid unrhyw un ohonynt am un o'r lleill**. Mae'r tabl yn dangos y trawsnewidiadau mwyaf cyffredin y dylech eu gwybod yn syth, heb orfod eu cyfrifo:

| Ffracsiwn | Degolyn | Canran |
|---|---|---|
| $^1/_2$ | 0.5 | 50% |
| $^1/_4$ | 0.25 | 25% |
| $^3/_4$ | 0.75 | 75% |
| 1/3 | 0.333333 | 33% |
| 2/3 | 0.666667 | 67% |
| 1/10 | 0.1 | 10% |
| 2/10 | 0.2 | 20% |
| X/10 | 0.X | X0% |
| 1/5 | 0.20 | 20% |
| 2/5 | 0.40 | 40% |

Gorau po fwyaf o drawsnewidiadau fel hyn rydych yn eu gwybod, ond rhaid i chi wybod sut mae trawsnewid y tri math er mwyn darganfod y rhai nad ydych yn eu gwybod. Dyma'r dulliau:

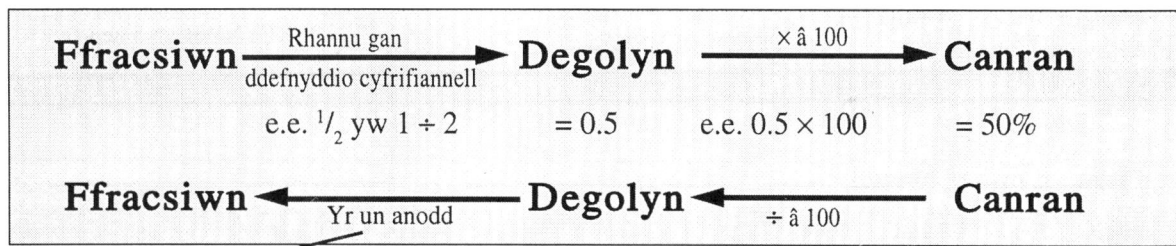

**Ffracsiwn** —Rhannu gan ddefnyddio cyfrifiannell→ **Degolyn** —× â 100→ **Canran**

e.e. $^1/_2$ yw 1 ÷ 2      = 0.5      e.e. 0.5 × 100      = 50%

**Ffracsiwn** ←Yr un anodd— **Degolyn** ←÷ â 100— **Canran**

Dim ond **DEGOLION UNION** heb eu talgrynnu y gellir eu **TRAWSNEWID YN FFRACSIYNAU**.

Mae hyn yn ddigon syml, ond y ffordd orau yw rhoi enghreifftiau, felly edrychwch ar dudalen 12 a chwiliwch am y rheol syml. Yna dylech fedru llenwi gweddill y tabl:

| Ffracsiwn | Degolyn | Canran |
|---|---|---|
| 1/5 | | |
| | 0.35 | |
| | | 45% |
| | 0.12 | |
| 1/8 | | |
| | 0.77 | |

# Y Prawf Hollbwysig

DYSGWCH y **tabl cyntaf ar y tudalen** a'r 4 proses ar gyfer trawsnewid Ffracsiwn / Degolyn / Canran.

Cuddiwch y tudalen ac ysgrifennwch y tabl cyntaf ar y tudalen oddi ar eich cof, ac yna'r pedair rheol ar gyfer trawsnewid. Yna llanwch yr holl fylchau yn yr ail dabl uchod.

# Manwl gywirdeb ac Amcangyfrif

## Manwl gywirdeb Priodol

Yn yr arholiad mae'n eithaf tebygol y cewch gwestiwn yn gofyn am "radd briodol o fanwl gywirdeb" ar gyfer mesuriad arbennig.

Felly sut ydych yn penderfynu beth yw *manwl gywirdeb priodol*? Y gyfrinach ar gyfer hyn yw **nifer y ffigurau ystyrlon** (gweler t. 7) rydych yn ei roi i'r rhif, a dyma'r rheolau yn syml:

> 1) Ar gyfer **MESURIADAU HEB FOD YN RHY BWYSIG,**
>    **2 FFIGUR YSTYRLON** yw'r mwyaf addas.

### Enghreifftiau:

> **COGINIO** – 250g (2 ffig. yst.) o siwgr,
>           nid 253g (3 ffig. yst.), neu 300g (1 ffig. yst.)
> **PELLTER TAITH** – 450 milltir neu 25 milltir neu 3500 milltir (i gyd i 2 ffig. yst.)
> **ARWYNEBEDD GARDD NEU LAWR** – 330m$^2$ neu 15m$^2$

> 2) Ar gyfer **PETHAU PWYSICACH NEU DECHNEGOL,**
>    **mae 3 FFIGUR YSTYRLON** yn hanfodol.

### Enghreifftiau:

> **HYD** fydd yn cael ei **DORRI I FFITIO**, e.e. Byddech yn mesur silff yn **25.6**cm o hyd
>                    ac nid **26**cm neu **25.63**cm.
> **FFIGUR TECHNEGOL** fel **34.2** milltir y galwyn, yn hytrach na **34** m.y.g.
> Unrhyw fesuriad **MANWL GYWIR** â phren mesur:
>                         **67.5**cm, ac nid **70**cm neu **67.54**cm

> 3) Dim ond ar gyfer **GWAITH GWIR WYDDONOL** y byddech yn cael **mwy**
>    **na 3 Ffig. Yst.**.

Er enghraifft, dim ond rhywun hynod o awyddus fyddai eisiau gwybod hyd darn o linyn i'r **ddegfed ran agosaf o mm** – er enghraifft 34.46cm.

## Amcangyfrif Cyfrifiadau

Cyn belled â'ch bod yn sylweddoli beth a ddisgwylir, mae hyn yn **HAWDD IAWN**. Mae rhai pobl yn drysu'n lân wrth **or-gymhlethu pethau**. Er mwyn cael **amcangyfrif** o rywbeth, dyma sydd raid i chi ei wneud:

> 1) TALGRYNNWCH BOPETH gan adael RHIFAU HWYLUS hawdd.
> 2) Yna CYFRIFWCH YR ATEB gan ddefnyddio'r rhifau hawdd hynny.

Nid oes raid i chi boeni bod yr ateb yn "anghywir", oherwydd yr unig beth rydym yn ei wneud yw ceisio cael syniad bras o faint yr ateb priodol, e.e. a yw tua 20 neu tua 200?

Peidiwch ag anghofio, fodd bynnag, y bydd angen i chi ddangos yn yr arholiad **yr holl gamau a wnaethoch**, er mwyn profi nad dim ond defnyddio cyfrifiannell a wnaethoch. Edrychwch ar yr enghraifft sydd ar ben y tudalen nesaf.

# Manwl gywirdeb ac Amcangyfrif

**Enghraifft**   o amcangyfrif ateb cyfrifiad:

Cwestiwn:   **AMCANGYFRIFWCH** werth $\dfrac{127.8 + 41.9}{56.5 \times 3.2}$ gan ddangos eich holl waith.

**Ateb:**

$$\frac{127.8 + 41.9}{56.5 \times 3.2} \approx \frac{130 + 40}{60 \times 3} \approx \frac{170}{180} \approx 1 \qquad (\text{"}\approx\text{" yn golygu "\textbf{bron yn hafal i}")}$$

## Amcangyfrif Arwynebedd a Chyfaint

Mae hyn yn haws nag y byddech yn ei feddwl. Dyma'r cwbl sydd raid i chi ei wneud:

1) Llunio neu ddychmygu **PETRYAL NEU GIWBOID** o faint tebyg i'r gwrthrych.

2) Talgrynnu'r hydoedd i gyd i'r **RHIF CYFAN AGOSAF**, ac yna eu cyfrifo.

**Enghreifftiau:**

a)  Amcangyfrifwch arwynebedd y siâp hwn:

26.4m

13.1m

Mae **arwynebedd y siâp yn fras yn hafal i** arwynebedd y petryal â'r llinellau toredig:
h.y.  26m × 13m = **338m²**
(neu, heb gyfrifiannell:
30 × 10 = 300m²)

b)  Amcangyfrifwch gyfaint y botel:

12.7cm

5.2cm

10cm

4cm   4cm

Mae **cyfaint y botel** yn fras **yn hafal i** gyfaint y ciwboid â'r llinellau toredig
= 4 × 4 × 10
= **160cm³**

## Y Prawf Hollbwysig

DYSGWCH y **3 Rheol** ar gyfer **Manwl gywirdeb** a'r **4 Rheol** ar gyfer **Amcangyfrif**.

Yna cuddiwch y tudalen ac **ysgrifennwch yr holl reolau** gan ddibynnu ar eich cof.

**YNA CEISIWCH WNEUD Y CANLYNOL:**

1) Penderfynwch i ba gategori o fanwl gywirdeb y **dylai'r** canlynol berthyn ac yna eu talgrynnu:
   a) **Jar o jam** sy'n pwyso 34.56g
   b) **Car** â buanedd macsimwm o 134.25 mya
   c) **Cacen** sydd angen 852.3g o flawd
   ch) **Bwrdd** sy'n 76.24cm o uchder.

2) Rhowch amcangyfrif o arwynebedd y Deyrnas Unedig mewn milltiroedd sgwâr,
   a chyfaint potel lefrith mewn cm³.

# Ffactorau Trawsnewid

Mae defnyddio Ffactorau Trawsnewid yn ffordd dda iawn o ddelio â phob math o gwestiynau ac mae'r dull yn un hawdd iawn.

## Dull

1) Darganfyddwch y **Ffactor Trawsnewid** (bob amser yn hawdd)

2) **Lluoswch A rhannwch â hwn**

3) Dewiswch yr ateb sy'n **gwneud synnwyr**

## Tair Enghraifft Bwysig

**1) Trawsnewidiwch 2.55 awr yn funudau.** (NID 2 awr 55 munud yw'r ateb)

1) Ffactor Trawsnewid = **60**     (gan fod 1 awr = **60** munud)
2) 2.55 awr × 60 = 153 munud (sy'n gwneud synnwyr)
   2.55 awr ÷ 60 = 0.0425 munud (ateb afresymol!)
3) Felly, yr ateb yn amlwg yw fod 2.55 awr = **153 munud** (= 2 awr 33 munud)

**2) Os yw £1 = 7.75 Ffranc Ffrainc, faint yw 47.36 Ffranc mewn £ a cheiniogau?**

1) Mae'n amlwg fod y Ffactor Trawsnewid = 7.75 (y "gyfradd gyfnewid")
2) 47.36 × 7.75 = £367.04
   47.36 ÷ 7.75 = £6.11
3) Y tro hwn nid yw pethau mor amlwg, ond os yw 8 Ffranc = £1 yn fras, yna ni all 47 Ffranc fod yn llawer – yn sicr ni all fod yn £367, felly mae'n rhaid mai **£6.11** yw'r ateb.

**3) Mae graddfa map yn 1:20 000. Pa wir bellter mae 3 cm ar y map yn ei gynrychioli?**

1) Ffactor Trawsnewid = 20 000
2) 3cm × 20 000 = 60 000cm (yn iawn)
   3cm ÷ 20 000 = 0.00015cm (ddim yn iawn)
3) Felly, 60,000cm yw'r ateb.
   Sut mae newid hwn yn fetrau?

Trawsnewid 60,000cm yn fetrau:
1) Ff.T. = 100 (cm ⟷ m)
2) 60,000 × 100 = 6,000,000 m (tybed?)
   60,000 ÷ 100 = 600m (sy'n nes ati)
3) Felly, yr ateb yw **600m**

## Y Prawf Hollbwysig

DYSGWCH 3 cham y **Dull Ffactor Trawsnewid.**
Yna cuddiwch y tudalen **a'u hysgrifennu.**

1) Trawsnewidiwch 2.3km yn fetrau.
2) Pa un yw'r mwyaf, £34 neu 260 Ffranc Ffrainc? (Defnyddiwch 7.75)
3) Graddfa map yw 2cm = 5km. Hyd ffordd yw 8km. Sawl cm fydd hyn ar y map?
   (Awgrym, Ff.T. = 5 ÷ 2, h.y. 1cm = 2.5km)

# Unedau Metrig ac Imperial

Mae'r rhain yn hawdd. Gwnewch yn siŵr eich bod yn eu dysgu.

## Unedau Metrig

1) Hyd       mm, cm, m, km
2) Arwynebedd   $mm^2$, $cm^2$, $m^2$, $km^2$
3) Cyfaint     $mm^3$, $cm^3$, $m^3$
                litrau, ml
4) Pwysau     g, kg, tunelli metrig
5) Buanedd    km/a, m/s

**DYSGWCH Y RHAIN:**

1cm = 10mm     1 dunnell fetrig = 1000kg
1m = 100cm     1 litr = 1000ml
1km = 1000m    1 litr = $1000cm^3$
1kg = 1000g     $1 cm^3$ = 1 ml

## Unedau Imperial

1) Hyd       Modfeddi, troedfeddi, llathenni, milltiroedd
2) Arwynebedd Modfeddi sgwâr, troedfeddi sgwâr, llathenni sgwâr, milltiroedd sgwâr
3) Cyfaint     Modfeddi ciwbig, troedfeddi ciwbig, galwyni, peintiau
4) Pwysau     Ownsys, pwysi, stonau, tunelli
5) Buanedd    mya

**DYSGWCH Y RHAIN HEFYD!**

1 Droedfedd = 12 Modfedd
1 Llathen = 3 Troedfedd
1 Galwyn = 8 Peint
1 Ston = 14 Pwys (lb)
1 Pwys = 16 Owns (Oz)

## Trawsnewid Metrig – Imperial

**MAE ANGEN I CHI DDYSGU'R RHAIN** – efallai na fyddant wedi eu rhoi i chi yn y papur arholiad.

### Trawsnewidiau Bras

1 kg = $2\frac{1}{4}$ lb       1 galwyn = 4.5 litr
1 m = 1 llathen (+10%)   1 droedfedd = 30 cm
1 litr = $1\frac{3}{4}$ peint     **1 dunnell fetrig = 1 dunnell imperial**
1 fodfedd = 2.5 cm     1 filltir = 1.6 km   neu   5 milltir = 8 km

## Defnyddio Ffactorau Trawsnewid   (Gweler t. 10)

1) Trawsnewidiwch 45mm yn cm.
   **ATEB:** Ff.T. = 10, felly × neu ÷ â 10, sy'n rhoi 450cm neu **4.5cm**. (Synhwyrol).
2) Trawsnewidiwch 37 modfedd yn cm.
   **ATEB:** Ff.T. = 2.5, felly × neu ÷ â 2.5, sy'n rhoi 14.8cm neu **92.5cm**.
3) Trawsnewidiwch 5.45 litr yn beintiau
   **ATEB:** Ff.T. = $1\frac{3}{4}$, felly × neu ÷ â 1.75, sy'n rhoi 3.11 peint neu **9.54** peint.

## Y Prawf Hollbwysig

Yn y bocsys tywyll uchod, mae **21 ffactor trawsnewid**. **DYSGWCH NHW**, yna cuddiwch y tudalen **a'u hysgrifennu**.

1) Sawl litr sydd mewn $3\frac{1}{2}$ galwyn?    2) Sawl llathen (yn fras) yw 200m?
3) Hyd rhoden yw 46 modfedd. Faint yw hyn mewn cm?
4) Pris petrol yw £2.83 y galwyn. Faint y litr yw hyn?
5) Mae car yn teithio ar 65 mya. Beth yw ei fuanedd mewn km/awr?

# Canrannau

Yn wahanol i'r hyn mae'r rhan fwyaf o bobl yn ei gredu mae **TRI math gwahanol** o gwestiynau ar ganrannau. Felly mae'n hanfodol eich bod yn gallu:

1) Gwahaniaethu rhwng y tri math
2) Cofio'r DULL ar gyfer pob un ohonynt

## Math 1 — GELLIR ADNABOD HWN OHERWYDD Y SYMBOL "%" YN Y CWESTIWN

Dyma'r math hawsaf – ac maen nhw i gyd ar y ffurf:

**DARGANFYDDWCH "hyn a hyn" % o "rywbeth arall"**

Er enghraifft: Darganfyddwch 15% o £25

### Dull

1) **YSGRIFENNWCH**: 15% o £25

2) **NEWIDIWCH**: $\dfrac{15}{100} \times 25 = £3.75$

3) **GWIRIWCH** FOD YR ATEB YN UN SYNHWYROL

**Cofiwch**
1) Mae "o" yn golygu "×"
2) Mae "Y CANT" yn golygu "ALLAN O GANT", felly mae 15% **yn golygu** "15 allan o 100", h.y. $\dfrac{15}{100}$

## Math 2 — GELLIR ADNABOD HWN WRTH Y GAIR "CANRAN" YN Y CWESTIWN

Maen nhw i gyd ar y ffurf:

**MYNEGWCH "un peth" FEL CANRAN o "rywbeth arall"**

Er enghraifft: Mynegwch 35c fel canran o £2.80

### Dull

**Ff. D. C. :** Ffracsiwn — Degolyn — Canran

(Gweler t. 5)

$\dfrac{35}{280} \xrightarrow{35\div280} 0.125 \xrightarrow{\times100} 12.5\%$

Gwnewch **ffracsiwn** gan ddefnyddio'r ddau rif – a rhoi'r rhif **lleiaf ar y top** bob amser

**Rhannwch** y rhifau er mwyn cael **degolyn**

Yna **lluoswch** â 100 er mwyn cael **canran**

# Canrannau

## Math 3 — GELLIR ADNABOD HWN GAN NAD YW'N RHOI'R "GWERTH GWREIDDIOL"

Dyma'r math mae'r rhan fwyaf yn ei gael yn anghywir – ond dim ond oherwydd nad ydynt yn sylweddoli mai cwestiynau math 3 ydyn nhw ac felly ddim yn defnyddio'r dull syml canlynol:

### Enghraifft:

Mae gwerth tŷ yn cynyddu 20% i £72,000. Darganfyddwch ei werth **cyn** y cynydd.

### Dull

| | | |
|---|---|---|
| ÷ 120 | £72,000 | = 120% |
| | £600 | = 1% |
| × 100 | £60,000 | = 100% |

Felly, y pris gwreiddiol oedd **£60,000**

Mae CYNNYDD o 20% yn golygu bod £72,000 yn cynrychioli **120% o'r gwerth gwreiddiol**. Pe bai'n OSTYNGIAD o 20%, yna byddem yn rhoi "£72,000 = **80%**" yn lle hynny, ac yna yn rhannu â 80 ar yr ochr chwith yn hytrach na 120.

**Cofiwch osod y gwaith cyfrifo yn union fel y dangosir yn yr enghraifft hon.**
Y darn anoddaf yw penderfynu pa un yw'r ffigur % top ar yr ochr dde – mae'r 2il a'r 3edd res **bob amser** yn 1% a 100%.

## Newid y Cant (Enghraifft bwysig o fath 2)

Mae'n arferol dangos **newid mewn gwerth fel canran**. Dyma'r fformwla ar gyfer hyn –
**DYSGWCH HI A'I DEFNYDDIO:**

$$\frac{\text{"Newid"}}{\text{y Cant}} = \frac{\text{"Newid"}}{\text{Gwreiddiol}} \times 100$$

Gall "newid" olygu pob math o bethau megis: "Elw", "Colled", "Arbrisiant", "Dibrisiant", "Cynnydd", "Lleihad", "Cyfeiliornad", "Ad-daliad", "Disgownt", etc.

Er enghraifft, $\textbf{"elw" y cant} = \dfrac{\text{"elw"}}{\text{gwreiddiol}} \times 100$.

Mae'n bwysig iawn defnyddio'r GWERTH GWREIDDIOL yn y fformwla hon.

## Y Prawf Hollbwysig

DYSGWCH beth yw'r 3 Math, sut i'w **hadnabod**, a pha **Ddull** i'w ddefnyddio gyda phob un. DYSGWCH hefyd y **Fformwla ar gyfer Newid y Cant**.

Nawr **cuddiwch y tudalen ac ysgrifennwch yr holl fanylion** rydych wedi eu dysgu.

Nodwch pa un ai Math 1, 2 neu 3 yw'r canlynol a defnyddiwch y dull addas ar gyfer pob un ohonynt. **Rhaid i chi ymarfer nes gallwch eu gwneud heb gymorth y nodiadau:**

1) Mae masnachwr yn prynu watsys am £5 ac yn eu gwerthu am £7. Darganfyddwch beth yw ei elw mewn £ ac yna mynegwch hyn fel canran.
2) Beth yw cyfanswm bil plymwr a ysgrifennwyd fel hyn: "£36 + 17.5% TAW".
3) Pris car ar ôl colli 30% o'i werth yw £14,350. Beth oedd ei werth gwreiddiol?

# Botymau Cyfrifiannell 1

Ychydig o bethau mewn bywyd sydd mor ddiflas ag edrych ar rywun yn pwyso botymau cyfrifiannell yn ddidrugaredd, yn gorweithio'r botwm diddymu bob ychydig eiliadau, ond byth yn gwella ei dechneg.

Bydd yr amser (a'r poendod) y byddwch yn ei arbed trwy ddysgu'r triciau canlynol yn llawer mwy na'r ychydig amser y byddwch ei angen i'w dysgu a'u hymarfer.

(Mae'r cyfarwyddiadau hyn yn bennaf ar gyfer cyfrifianellau Casio. Os yw eich cyfrifiannell chi yn wahanol, gofynnwch am gymorth yr athro / athrawes i ddod o hyd i'r botymau.)

## 1) Y Ddau Fotwm Diddymu

**C** (LLED-DDIDDYMU) a **AC** (DIDDYMU POPETH)

(Fel arall, gyda **on/c** neu **CE/C**, pwyswch **UNWAITH i led-ddiddymu** a **DWYWAITH i ddiddymu popeth**)

Peidiwch â llithro i'r arfer o bwyso'r botwm **AC** bob tro y bydd pethau'n dechrau mynd o chwith.

Mae'r botwm **C** yn **LLAWER** gwell os gwyddoch beth mae'n ei wneud: **YR UNIG RIF MAE'N EI DDIDDYMU YW'R RHIF YR YDYCH YN EI ROI I MEWN**. Mae popeth arall yn aros fel y mae.

Os dysgwch sut i ddefnyddio **C** yn lle **AC** ar gyfer cywiro rhifau anghywir, byddwch yn HANERU amser pwyso botymau'r cyfrifiannell!

## 2) Y Botymau Hunanddiddymu

**Y botymau ffwythiant HUNANDDIDDYMU:** **×** **÷** **+** **−**

Y peth i'w gofio yma yw fod y pedwar botwm hyn yn fotymau **HUNANDDIDDYMU**.

Os pwyswch **+** ac yna **÷** bydd eich cyfrifiannell yn anwybyddu'r botwm **+** yn llwyr ac yn gweithredu **÷** yn ei le.

Felly: **OS PWYSWCH Y BOTWM FFWYTHIANT ANGHYWIR, anwybyddwch hynny, pwyswch yr un cywir, ac ewch ymlaen.**

Gwnewch **7** **×** **÷** **+** **−** **5** **=** i weld pa mor dda mae'n gweithio.

## 3) Y Botwm Ail Ffwythiant

**Y Botwm AIL FFWYTHIANT yw** **SHIFT** neu **2nd** neu **INV**

Mae'r rhan fwyaf o fotymau cyfrifiannell yn gweithredu 2 ffwythiant. Mae'r prif ffwythiant ar y botwm ei hunan a'r 2il ffwythiant wedi ei ysgrifennu **uwchben y botwm**.

I ddefnyddio 2il ffwythiant unrhyw fotwm, pwyswch **SHIFT** neu **2nd** neu **INV** yn gyntaf.

(Ar rai cyfrifianellau, efallai y bydd llawer o'r botymau yn gweithredu 3 ffwythiant. Yn ffodus mae cod lliw arnynt, felly bydd y lliw ar y botwm **SHIFT** , **2nd** neu **INV** yn cyfateb i liw'r 2il ffwythiant sydd wedi'i ysgrifennu uwchben y botymau eraill.)

# Botymau Cyfrifiannell 2

## 4) Sgwâr, Ail Isradd a Thrydydd Isradd

Y Botymau **SGWÂR, AIL ISRADD A THRYDYDD ISRADD** yw $\boxed{X^2}$ , $\boxed{\sqrt{\ }}$ a $\boxed{\sqrt[3]{\ }}$

1) Mae'r botwm $\boxed{X^2}$ yn sgwario'r rhif sydd ar y dangosydd,

   h.y. **MAE'N EI LUOSI Â'I HUNAN**.

   Mae'n hwylus ar gyfer darganfod arwynebedd cylch gan ddefnyddio'r fformwla gyfarwydd:

   $A = \pi r^2$   E.e. os yw $r = 5$, yna pwyswch $\boxed{3.14}$ $\boxed{X}$ $\boxed{5}$ $\boxed{X^2}$ $\boxed{=}$ i gael yr ateb 78.5.

   (Ar lawer cyfrifiannell, ail ffwythiant y botwm $\boxed{\sqrt{\ }}$ yw $\boxed{X^2}$, felly rhaid i chi bwyso $\boxed{\text{SHIFT}}$ $\boxed{\sqrt{\ }}$

   i gael $\boxed{X^2}$ .   Gweler "Pwerau" (t. 78) ac "Israddau" (t. 79) i ddarganfod mwy)

2) **PROSES WRTHDROI** $\boxed{X^2}$ yw $\boxed{\sqrt{\ }}$ – mae'n rhoi **AIL ISRADD** y rhif sydd ar y dangosydd.

   Gwnewch hyn: $\boxed{25}$ $\boxed{\sqrt{\ }}$ $\boxed{X^2}$ $\boxed{\sqrt{\ }}$ $\boxed{X^2}$  ... dylech gael **25, 5, 25, 5, 25**, etc.

3) Mae $\boxed{\sqrt[3]{\ }}$ yn rhoi **TRYDYDD ISRADD** (gweler t. 79) y rhif sydd ar y dangosydd. Ail

   ffwythiant arall yw hwn, felly bydd i'w gael uwchben botwm arall, y botwm $\boxed{+/-}$ fel arfer.

## 5) Y Botwm Plws/Minws

Yr hyn mae'r botwm $\boxed{+/-}$ yn ei wneud yw gwrthdroi arwydd + neu – y rhif sydd ar y dangosydd

yn barod. **FE'I DEFNYDDIR YN BENNAF I FEWNBYNNU RHIFAU NEGATIF.**

**ER ENGHRAIFFT**: I gyfrifo -5 × -4 byddech yn pwyso $\boxed{5}$ $\boxed{+/-}$ $\boxed{X}$ $\boxed{4}$ $\boxed{+/-}$ $\boxed{=}$

Nodwch eich bod yn pwyso $\boxed{+/-}$ AR ÔL i chi roi'r rhif i mewn.

## 6) Y Botymau Cof

Y **BOTYMAU COF** yw $\boxed{\text{Min}}$ (i'r Cof) a $\boxed{\text{MR}}$ (o'r Cof)

(Ar gyfrifianellau eraill, y botymau cof yw $\boxed{\text{STO}}$ (storfa) a $\boxed{\text{RCL}}$ (o'r storfa))

**Swyddogaeth y cof yw cadw rhif sydd newydd ei gyfrifo, fel y gellir ei ddefnyddio'n fuan wedyn.**

Enghraifft glasurol yw cyfrifo rhywbeth tebyg i $\dfrac{16}{15 + 12 \sin 40}$ , a'r peth diogelaf yma yw

cyfrifo'r llinell waelod yn gyntaf a rhoi'r ateb yn y cof.

Dyma fyddech yn ei bwyso: $\boxed{40}$ $\boxed{\text{SIN}}$ $\boxed{=}$ $\boxed{X}$ $\boxed{12}$ $\boxed{=}$ $\boxed{+}$ $\boxed{15}$ $\boxed{=}$ ac yna $\boxed{\text{Min}}$ i

gadw canlyniad y llinell waelod **yn y cof**   ( $\boxed{\text{STO}}$ neu $\boxed{\text{STO}}$ $\boxed{\text{M}}$ neu $\boxed{\text{STO}}$ $\boxed{1}$ ar

gyfrifianellau nad ydynt yn gyfrifianellau Casio).

(Sylwch hefyd nad y drefn orau o weithredu bob amser yw'r drefn ysgrifenedig, ac mae pwyso "=" ar ôl
pob rhan yn SICRHAU bod y cyfrifiannell yn gwneud yr hyn rydych am iddo ei wneud.)

Yna pwyswch $\boxed{16}$ $\boxed{\div}$ $\boxed{\text{MR}}$ , a'r ateb yw 0.7044. Ar ôl ychydig o ymarfer byddwch yn

gweld y botymau cof yn rhai defnyddiol iawn sy'n arbed amser. (Ar gyfrifianellau nad ydynt

yn gyfrifianellau Casio, defnyddir $\boxed{\text{RCL}}$ neu $\boxed{\text{RCL}}$ $\boxed{\text{M}}$ neu $\boxed{\text{RCL}}$ $\boxed{1}$ yn lle $\boxed{\text{MR}}$ ).

(Er mwyn clirio'r cof, rhowch y gwerth sero i mewn a bydd yr M fechan sydd ar y dangosydd yn diflannu.)

# Botymau Cyfrifiannell 3

## 7) Corlat a'r Botymau Cromfachau

**Y Botymau Cromfachau yw** [(--- **a** ---)]

Un o'r problemau mwyaf wrth ddefnyddio cyfrifiannell yw deall bod y cyfrifiannell bob amser yn gweithio gan ddilyn **TREFN ARBENNIG** a grynhoir yn y gair **CORLAT** (gweler t. 80), sydd yn cynrychioli:

| Cromfachau, | O (flaen), | Rhannu, | Lluosi, | Adio, | Tynnu |
|---|---|---|---|---|---|

Mae hyn yn hynod o bwysig pan fyddwch eisiau cyfrifo rhywbeth syml fel $\dfrac{23 + 45}{64 \times 3}$

– byddai'n wirion pwyso [23] [+] [45] [÷] [64] [×] [3] [=] – sydd yn **hollol**

**anghywir**. Byddai'r cyfrifiannell yn meddwl eich bod yn golygu $23 + \dfrac{45}{64} \times 3$ oherwydd bydd

yn gwneud y **rhannu a'r lluosi** CYN yr **adio**.

Y gyfrinach yw **ANWYBYDDU trefn awtomatig CORLAT o wneud pethau** trwy ddefnyddio'r **BOTYMAU CROMFACHAU**. Cromfachau yw'r flaenoriaeth gyntaf un yn CORLAT, sy'n golygu bod unrhyw beth sydd rhwng y cromfachau yn cael ei gyfrifo cyn i unrhyw beth arall ddigwydd. Felly, y cwbl sydd raid i chi ei wneud yw

1) Ychwanegu parau o gromfachau i'r mynegiad: $\dfrac{(23 + 45)}{(64 \times 3)}$

2) Yna mewnbynnu popeth fel mae wedi ei ysgrifennu:

[(---] [23] [+] [45] [---)] [÷] [(---] [64] [×] [3] [---)] [=]

Efallai eich bod yn meddwl ei bod yn anodd gwybod ym mhle i osod y cromfachau. Nid yw mor anodd â hynny; gosodwch nhw mewn parau o amgylch pob grŵp o rifau.

Does DIM O'I LE mewn cael cromfachau o fewn rhai eraill chwaith, **e.e.** $(4 + (5 \div 2))$ Fel rheol nid oes dim o'i le ar gael gormod o gromfachau, **OS GOFALWCH EU GOSOD BOB AMSER MEWN PARAU**.

## 8) Y Botwm Ffracsiwn: [aᵇ/c]

Mae'n hollol hanfodol eich bod yn dysgu sut i ddefnyddio'r botwm hwn ar gyfer cyfrifo ffracsiynau. Mae'r holl fanylion ar t. 13.

## 9) Y Botwm Pwerau: [xʸ]

**AR LAWER O GYFRIFIANELLAU DYMA AIL FFWYTHIANT Y BOTWM** [×]

Defnyddir hwn ar gyfer darganfod pŵer rhif yn gyflym. Er enghraifft, i ddarganfod $7^5$, yn hytrach na phwyso $7 \times 7 \times 7 \times 7 \times 7$ pwyswch [7] [xʸ] [5] [=]

(h.y. [7] [SHIFT] [×] [5] [=] ).

# Botymau Cyfrifiannell 4

## 10)  Y Botwm Ffurf Safonol

**Y Botwm Ffurf Safonol yw** EXP **neu** EE

Yr unig adeg y byddwch yn defnyddio hwn yw wrth fewnbynnu rhifau a ysgrifennwyd yn eu FFURF SAFONOL.

Byddai'n llawer haws pe byddai wedi cael ei labelu'n x10ⁿ gan mai **dyna ddylech chi ei alw wrth ei bwyso**:  "LLUOSI â deg i'r pŵer .."

> Er enghraifft, er mwyn mewnbynnu $6 \times 10^3$ **YR UNIG FOTYMAU I'W PWYSO YW**
> 
> 6 EXP 3  ac NID  6 X 10 EXP 3  fel mae llawer yn ei wneud.

Mae pwyso  X 10  yn ogystal â  EXP  yn **GAMGYMERIAD MAWR**, oherwydd mae'r EXP **yn CYNNWYS "× 10" yn barod**. Dyna pam y dylech chi ddweud "**LLUOSI Â 10 I'R PŴER**" wrthoch eich hun bob tro y byddwch yn pwyso'r botwm EXP , er mwyn osgoi'r camgymeriad cyffredin hwn.

### Moddau

Mae'r testun hwn yn eithaf anodd a'r unig reswm pam y dylech fod yn gyfarwydd ag ef yw oherwydd y gallwch weithiau fynd yn ddamweiniol i'r modd anghywir, a byddai pob math o anawsterau yn codi pe na fyddech yn gwybod sut i ddychwelyd i'r modd normal.

**Ar eich cyfrifiannell mae dewis o 3 MODD GWAHANOL:**

| | MODD CYFRIFO (Bydd angen modd COMP) | MODD ONGLAU (Bydd angen modd DEG) | MODD ARDDANGOS (Bydd angen NORMAL) |
|---|---|---|---|
| CASIO | Pwyswch MODE 0 | Pwyswch MODE 4 i ddangos D neu DEG ar y dangosydd | Mewnbynnwch y rhif 0.0002 a phwyswch MODE 9 nes gwelwch 0.0002 |
| TEXAS INSTR. | Pwyswch OFF ac wedyn ON | Pwyswch 3rd DRG er mwyn dangos D neu DEG ar y dangosydd | Chwiliwch am FLO uwchben un o'r botymau a'i weithredu |
| SHARP | Pwyswch MODE 0 | Pwyswch DRG nes gwelwch D neu DEG ar y dangosydd | Mewnbynnwch 65 a phwyswch MODE . nes gwelwch 65 |

Yn aml wrth bwyso OFF ac wedyn ON gallwch ddychwelyd i'r moddau cywir, ond nid yw hyn yn gweithio bob amser.

## Y Prawf Hollbwysig

> **DYSGWCH BETH YW GWAITH BOTYMAU'R CYFRIFIANNELL.** Cofiwch ymarfer nes gallwch wneud hyn i gyd heb gyfeirio'n ôl.

1)  Beth yw'r ddau fath gwahanol o ddiddymu?  Eglurwch beth maent yn ei wneud.

2)  Beth mae'r botwm SHIFT yn ei wneud?          3)  Beth mae'r botymau X² a √ yn ei wneud?

4)  Beth sydd raid i chi ei bwyso i ddarganfod $17^2$?   5)  Sut fyddech chi'n mewnbynnu -5 × -8?

6)  Eglurwch beth mae Min a MR yn ei wneud a rhowch enghraifft i ddangos sut y defnyddir nhw.

7)  Pryd y defnyddir y botwm a b/c ?

8)  Sut fyddech chi'n mewnbynnu $6^8$?          9)  Sut fyddech chi'n mewnbynnu $6 \times 10^8$?

10)  Beth ddylai ymddangos ym mhen uchaf y dangosydd: DEG, RAD neu GRAD?

# Patrymau Rhif

Mae hwn yn bwnc hawdd, ond gofalwch eich bod yn gwybod beth yw'r **CHWE** math o ddilyniant, ac nid y rhai cyntaf yn unig. Y GYFRINACH FAWR yw **ysgrifennu'r gwahaniaethau yn y lleoedd gwag** rhwng pob pâr o rifau. Fel arfer, drwy wneud hynny, gallwch weld beth sy'n digwydd, beth bynnag yw'r dilyniant.

## 1) "Gwahaniaeth Cyffredin"

E.e.   7   11   15   19   23          112   105   98   91   84   77
        *4*   *4*   *4*   *4*   *4*                *7*   *7*   *7*   *7*   *7*

## 2) "Gwahaniaeth Cynyddol"

Yma mae'r **gwahaniaeth** yn **cynyddu yr un faint bob tro**:

E.e.   8   11   15   20   26
         *3*   *4*   *5*   *6*   *7*

## 3) "Gwahaniaeth Lleihaol"

Yma mae'r **gwahaniaeth** yn **lleihau yr un faint bob tro**:

E.e.   53   43   34   26   19   13
          *10*   *9*   *8*   *7*   *6*

## 4) "Ffactor Lluosi"

Yn y math hwn mae **LLUOSYDD** cyffredin sy'n cysylltu pob pâr o rifau

E.e.   5   10   20   40
         *×2*   *×2*   *×2*   *×2*

## 5) "Ffactor Rhannu"

Yn y math hwn mae **RHANNYDD** cyffredin sy'n cysylltu pob pâr o rifau

E.e.   189   63   21   7
           *÷3*   *÷3*   *÷3*   *÷3*

## 6) "Adio Termau Blaenorol"

Adiwch y ddau derm cyntaf er mwyn cael y 3ydd, adiwch yr 2il a'r 3ydd i gael y 4ydd, etc.

E.e.   1   1   2   3   5   8   13   21

*1+1*   *1+2*   *2+3*   *3+5*   *5+8*   *8+13*   *13+21*

# Y Prawf Hollbwysig

Dysgwch y **6 math o batrymau rhif**. Yna cuddiwch y tudalen ac atebwch y canlynol:

1) **ODDI AR EICH COF**, ysgrifennwch enw pob math o ddilyniant rhif a rhowch enghraifft o bob un ohonynt.
2) Darganfyddwch y ddau derm nesaf yn y dilyniannau canlynol:
   a) 2, 6, 18, 54 ...   b) 1, 3, 4, 7, 11 ...   c) 3, 5, 8, 12, 17 ...   ch) 128, 64, 32 ...

# Darganfod yr *n*fed Term

Fformwla sy'n cynnwys "*n*" ac sy'n rhoi pob term mewn dilyniant pan fyddwch yn rhoi gwahanol werthoedd *n* ynddi yw'r "*n*fed term". Mae dau fath gwahanol o ddilyniant (ar gyfer cwestiynau "*n*fed term") a rhaid eu trin mewn gwahanol ffyrdd:

## Gwahaniaeth Cyffredin: "*gn* + (*a* − *g*)"

Ar gyfer unrhyw ddilyniant megis 3,   7,   11,   15,   lle mae **GWAHANIAETH CYFFREDIN**

4   4   4

gallwch ddarganfod yr *n*fed term bob amser drwy ddefnyddio'r **FFORMWLA**      $gn + (a - g)$

**Peidiwch ag anghofio:**

1) "*a*" yw gwerth y **TERM CYNTAF** yn y dilyniant.
2) "*g*" yw gwerth y **GWAHANIAETH CYFFREDIN** rhwng y termau.
3) I gael yr "*n*fed term", yr unig beth sydd raid ei wneud yw **darganfod gwerthoedd "*a*" a "*g*" yn y dilyniant a'u gosod yn y fformwla.**   Mae *n* yn aros fel y mae.
4) — wrth gwrs **BYDD RHAID I CHI DDYSGU'R FFORMWLA.**

**Enghraifft:**        "Darganfyddwch *n*fed term y dilyniant:  5,   8,   11,   14 ...."

**ATEB:**  1) Y fformwla yw $gn + (a - g)$
  2) Y **term cyntaf** yw 5, felly *a* = **5**   Y **gwahaniaeth cyffredin** yw 3, felly *g* = **3**
  3) Mae gosod y rhain yn y fformwla yn rhoi:  $3n + (5 - 3) = 3n + 2$

felly'r **n*fed term yw 3*n* + 2**

## Gwahaniaeth sy'n Newid:
### "*a* + (*n* − 1)*g* + ¹/₂(*n* − 1)(*n* − 2)*C*"

Os yw'r dilyniant rhif yn un lle mae'r gwahaniaeth rhwng y termau yn **cynyddu** neu yn **lleihau**, yna mae pethau'n llawer mwy cymhleth (mae'r fformwla uchod yn dangos hyn – a bydd rhaid i chi ei dysgu!). Yn yr achos hwn mae angen newid TAIR llythyren:

"*a*" yw'r **TERM CYNTAF**
"*g*" yw'r **GWAHANIAETH CYNTAF** (rhwng y ddau rif cyntaf)
"*C*" yw'r **CYNNYDD RHWNG UN GWAHANIAETH A'R NESAF**

**Enghraifft:**        "Darganfyddwch *n*fed term y dilyniant:  2,   5,   9,   14 ...."

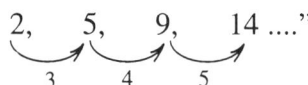

3   4   5

**ATEB:**  1) Y fformwla yw $a + (n - 1)g + \frac{1}{2}(n - 1)(n - 2)C$
  2) Y **term cyntaf** yw 2, felly *a* = **2**   Y **gwahaniaeth cyntaf** yw 3, felly *g* = **3**
  3) Mae'r gwahaniaeth yn cynyddu 1 bob tro, felly *C* = **+1**.

Mae gosod y rhain yn y fformwla yn rhoi: "$2 + (n - 1)3 + \frac{1}{2}(n - 1)(n - 2) \times 1$"
  sef:   $2 + 3n - 3 + \frac{1}{2}n^2 - 1\frac{1}{2}n + 1$
  A gellir symleiddio hyn yn:  $\frac{1}{2}n^2 + 1\frac{1}{2}n = \frac{1}{2}n(n + 3)$      Felly yr *n*fed term = $\frac{1}{2}n(n + 3)$

## Y Prawf Hollbwysig

Dysgwch y **diffiniad o'r *n*fed term** a'r **4 cam ar gyfer dod o hyd iddo**, a **DYSGWCH Y FFORMWLA.**

1) Darganfyddwch *n*fed term y dilyniannau canlynol:
  **a)** 4, 7, 10, 13 ....  **b)** 3, 8, 13, 18 ....  **c)** 1, 3, 6, 10, 15 ....  **ch)** 3, 4, 7, 12 ....

# Crynodeb Adolygu Adran 1

Efallai fod y cwestiynau hyn yn ymddangos yn anodd, **ond dyma'r math gorau o adolygu allwch chi ei wneud**. Holl bwrpas adolygu yw **darganfod y pethau nad ydych yn eu gwybod** ac yna eu dysgu **nes byddwch yn eu gwybod**. Mae'r cwestiynau anodd hyn yn dangos faint rydych chi'n ei wybod. Maent yn dilyn trefn y tudalennau yn Adran 1, felly mae'n ddigon hawdd i chi wirio unrhyw beth nad ydych yn ei wybod.

**Daliwch ati i ddysgu'r ffeithiau sylfaenol hyn nes byddwch yn eu gwybod.**

1) Beth yw lluosrifau rhif?     Beth yw ffactorau rhif?
   Eglurwch yn union beth yw ystyr Ff.C.M. a Ll.C.Ll.

2) Beth yw'r dull gorau o ddarganfod holl ffactorau rhif arbennig?

3) Beth yw ffactorau cysefin rhif?  Sut mae dod o hyd iddynt?

4) Rhowch y ddwy reol ar gyfer darganfod Rhifau Cysefin (dan 120).

5) Rhestrwch y deg term cyntaf ym mhob un o'r dilyniannau canlynol:

   **a)** Eilrifau          **b)** Odrifau          **c)** Rhifau Sgwâr
   **ch)** Rhifau Ciwb      **d)** Rhifau Triongl    **dd)** Rhifau Cysefin

6) Beth yw ystyr Ff.D.C.? Rhowch fanylion llawn am y 4 dull trawsnewid.

7) Nodwch y 3 cham wrth dalgrynnu.

8) Beth yw'r 3 manylyn ychwanegol sydd raid eu cofio wrth dalgrynnu ffig. yst.?

9) Beth yw'r cyfeiliornad posibl wrth dalgrynnu i gywirdeb penodol?

10) Nodwch dair rheol ar gyfer penderfynu beth yw'r manwl gywirdeb priodol.

11) Nodwch ddwy reol ar gyfer amcangyfrif ateb cyfrifiad.

12) Nodwch ddwy reol ar gyfer amcangyfrif arwynebedd neu gyfaint.

13) Nodwch 3 cham y dull o ddefnyddio ffactorau trawsnewid.

14) Rhowch 7 enghraifft wahanol o drawsnewid o uned fetrig i un arall.

15) Rhowch 5 enghraifft wahanol o drawsnewid o un uned imperial i un arall.

16) Rhowch 8 enghraifft o drawsnewid rhwng unedau metrig ac imperial.

17) Beth yw ystyr a/b?

18) Eglurwch mewn geiriau beth yw'r 4 rheol wrth drin ffracsiynau ar bapur.

19) Pa un yw'r dull gorau o drin ffracsiynau?

20) Pa un yw'r botwm ffracsiwn? Beth sy'n rhaid i chi ei bwyso er mwyn mewnbynnu $2^3/_4$?

21) Sut mae trawsnewid hyn yn ffracsiwn pendrwm?

22) Disgrifiwch y 3 math o gwestiynau ar ganrannau a sut i'w hadnabod.

23) Rhowch fanylion ynglŷn â'r dull i'w ddefnyddio gyda phob un o'r 3 math.

24) Nodwch y fformwla ar gyfer newid canrannol, a rhowch 3 enghraifft.

25) Eglurwch beth yw'r gwahaniaeth rhwng y 2 fotwm diddymu ar eich cyfrifiannell.

26) Beth yw'r "botymau hunanddiddymu"? Beth yw'r rheswm dros ddefnyddio'r enw hwn?

27) Pa rai yw'r botmau cof? Beth yw eu pwrpas?

28) Beth yw ystyr CORLAT a beth yw'r cysylltiad rhyngddo a'ch cyfrifiannell?

29) Pryd fyddai rhywun yn defnyddio'r botymau cromfachau?

30) Pa un yw'r botwm pwerau? Beth ddylech chi ei bwyso er mwyn darganfod $8^{15}$?

31) Pa un yw'r botwm Ffurf Safonol? Beth ddylech chi ei bwyso i fewnbynnu $3 \times 10^{-4}$?

32) Sut fyddai'r rhif $5 \times 10^7$ yn ymddangos ar ddangosydd y cyfrifiannell?

33) Mae 3 modd gwahanol ar eich cyfrifiannell. Enwch nhw.

34) Enwch 6 gwahanol fath o batrymau rhif a rhowch enghraifft o bob un ohonynt.

35) Rhowch y 2 fformwla ar gyfer darganfod $n$fed term patrwm rhif.

# Adran 2

23

## Polygonau Rheolaidd

**SIÂP AMLOCHROG** yw **POLYGON**. Mewn polygon **RHEOLAIDD** mae'r **HOLL OCHRAU A'R ONGLAU YR UN FAINT**. Mae'r **POLYGONAU RHEOLAIDD** yn gyfres ddiddiwedd o siapiau sy'n cynnwys rhai nodweddion arbennig. **Maent yn ddigon hawdd i'w dysgu**. Dyma ychydig o'r rhai cyntaf ond nid oes diwedd arnynt – mae'n bosibl cael polygon 12 ochr neu 25 ochr, etc.

### TRIONGL HAFALOCHROG ③

3 ochr
3 **llinell** cymesuredd
Cymesuredd cylchdro **trefn 3**

### SGWÂR ④

4 ochr
4 **llinell** cymesuredd
Cymesuredd cylchdro **trefn 4**

### PENTAGON RHEOLAIDD ⑤

5 ochr
5 **llinell** cymesuredd
Cymesuredd cylchdro **trefn 5**

### HECSAGON RHEOLAIDD ⑥

6 ochr
6 **llinell** cymesuredd
Cymesuredd cylchdro **trefn 6**

### HEPTAGON RHEOLAIDD ⑦

7 ochr
7 **llinell** cymesuredd
Cymesuredd cylchdro **trefn 7**

Mae darn 50c yn heptagon.

### OCTAGON RHEOLAIDD ⑧

8 ochr
8 **llinell** cymesuredd
Cymesuredd cylchdro **trefn 8**

## Onglau Allanol a Mewnol

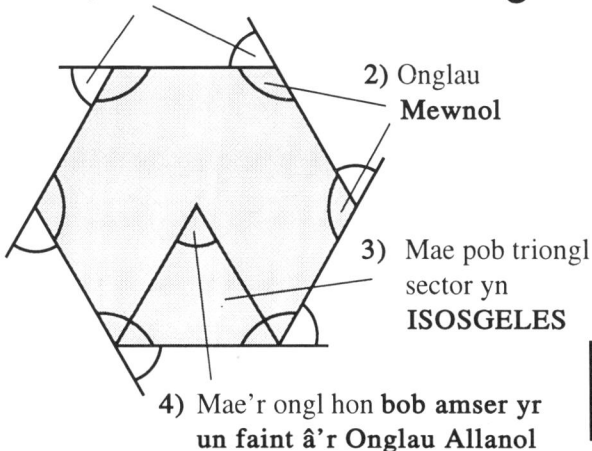

1) Onglau **Allanol**

2) Onglau **Mewnol**

3) Mae pob triongl sector yn **ISOSGELES**

4) Mae'r ongl hon **bob amser yr un faint â'r Onglau Allanol**

Os cewch bolygon rheolaidd yn yr arholiad, byddwch yn siŵr o orfod cyfrifo'r onglau mewnol ac allanol, felly dysgwch sut i wneud hyn!

$$\text{ONGL ALLANOL} = \frac{360°}{\text{Nifer yr Ochrau}}$$

$$\text{ONGL FEWNOL} = 180° - \text{ONGL ALLANOL}$$

## Y Prawf Hollbwysig

**DYSGWCH Y DDAU DUDALEN HYN.** Yna atebwch y cwestiynau:

1) Beth yw Polygon Rheolaidd?
2) Rhowch enwau'r chwe pholygon cyntaf.
3) Tynnwch lun Pentagon a Hecsagon a dangoswch eu holl linellau cymesuredd.
4) Beth yw'r ddwy fformwla bwysig?
5) Cyfrifwch y ddwy ongl allweddol mewn Pentagon.
6) A hefyd mewn Polygon Rheolaidd 12 ochr.

# Cymesuredd

Os gallwn osod siâp neu ddarlun mewn **GWAHANOL SAFLEOEDD** a'i fod yn **EDRYCH YN UNION YR UN FATH** bob tro, yna mae gan y siâp neu'r darlun hwnnw **GYMESUREDD**. Mae **TRI MATH** o gymesuredd:

## 1) Cymesuredd Llinell

Yma gallwch lunio **LLINELL DDRYCH** (neu fwy nag un) ar draws y llun a **bydd y ddwy ochr (o boptu'r llinell) yn plygu'n union** ar ei gilydd.

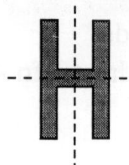

| 2 Linell Cymesuredd | 1 Llinell Cymesuredd | 1 Llinell Cymesuredd | 3 Llinell Cymesuredd | Dim Llinell Cymesuredd | 1 Llinell Cymesuredd |

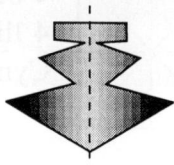

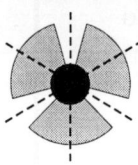

### Sut i lunio adlewyrchiad:

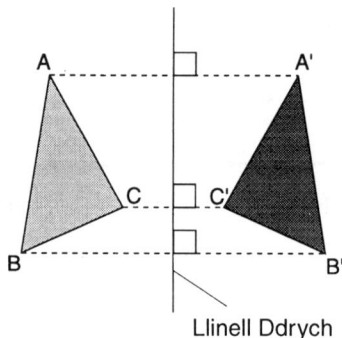

1) Adlewyrchwch bob pwynt, un ar y tro

2) Defnyddiwch **linell sy'n croesi'r llinell ddrych ar 90° ac sy'n mynd YN UNION yr un pellter bob ochr i'r llinell ddrych**, fel y dangosir.

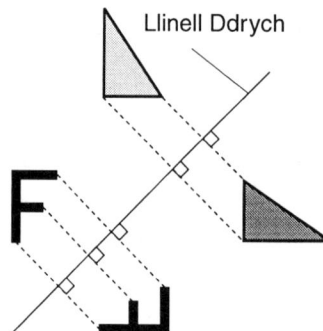

Llinell Ddrych

Llinell Ddrych

## 2) Cymesuredd Plân

> Mae **Cymesuredd Plân** yn ymwneud â **SOLIDAU 3D**. Yn union fel y gall **siapiau fflat** gael **llinell ddrych**, gall **gwrthrychau 3D** gael **plân cymesuredd**.

Gellir llunio arwyneb drych plân trwy lawer o solidau rheolaidd, ond rhaid i'r siâp fod **YN UNION YR UN FATH AR DDWY OCHR Y PLÂN** (h.y. delweddau drych), fel y rhain:

### Planau Cymesuredd

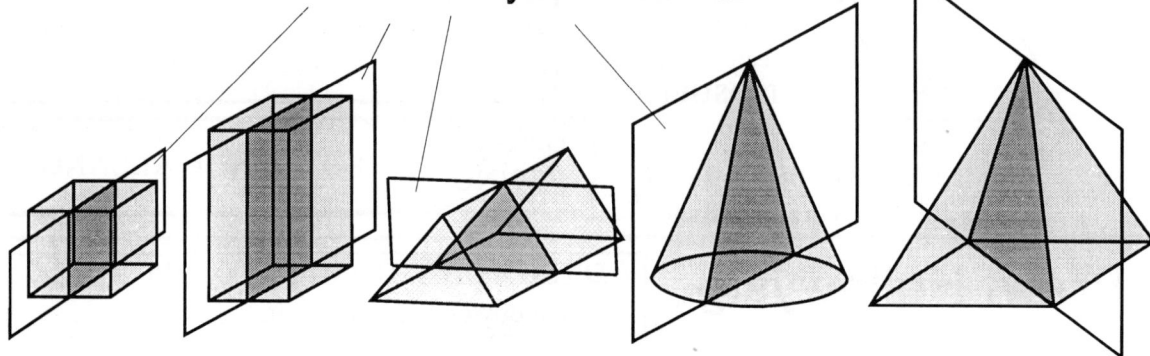

Mae gan y siapiau hyn i gyd **LAWER MWY O BLANAU CYMESUREDD**, ond dim ond un plân cymesuredd sydd wedi ei ddangos yma ar gyfer pob siâp, oherwydd fel arall byddai gormod o linellau ac ni fyddai dim yn glir.

# Cymesuredd

## 3) Cymesuredd Cylchdro

Yma gallwch **GYLCHDROI'R** siâp neu'r darlun i wahanol safleoedd a bydd yn edrych **yn union yr un fath**.

   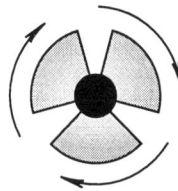 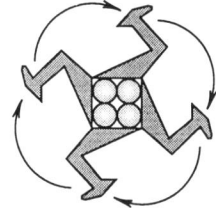

| Trefn 1 | Trefn 2 | Trefn 2 | Trefn 3 | Trefn 4 |

## Dau Bwynt Allweddol:

1) **NIFER Y SAFLEOEDD GWAHANOL LLE MAE'R SIÂP YN EDRYCH YR UN FATH** yw **TREFN Y CYMESUREDD CYLCHDRO**.
   E.e. Dylech ddweud am y siâp Z uchod **"Mae ganddo Gymesuredd Cylchdro trefn 2"**.

2) **OND** ... pan fo gan siâp **1 SAFLE YN UNIG** gallwch ddweud **un ai**
   "Mae ganddo Gymesuredd Cylchdro trefn 1" NEU "Nid oes ganddo Gymesuredd Cylchdro".

## Papur Dargopïo

MAE CYMESUREDD YN LLAWER HAWS OS DEFNYDDIWCH BAPUR DARGOPÏO.

1) Ar gyfer **ADLEWYRCHU**, dargopïwch un ochr o'r lluniad a'r llinell ddrych. Yna **TROWCH Y PAPUR DROSODD A RHOI'R LLINELL DDRYCH** yn ei safle gwreiddiol. (Mae rhoi smotiau ar y llinell ddrych yn help i'w chael i'w lle unwaith eto.)

2) Ar gyfer **CYLCHDROI**, trowch y papur o gwmpas.
   Mae hyn yn dda iawn ar gyfer **darganfod canol cylchdro** (drwy gynnig a chynnig) yn ogystal â **threfn cymesuredd cylchdro**.

3) Gallwch ddefnyddio papur dargopïo yn yr **ARHOLIAD – GOFYNNWCH AMDANO**, neu ewch â'ch papur dargopïo eich hunan.

## Y Prawf Hollbwysig

**DYSGWCH** y manylion pwysig am **GYMESUREDD LLINELL A CHYMESUREDD PLÂN**, y 2 bwynt am **GYMESUREDD CYLCHDRO** a'r 3 phwynt ynglŷn â **PHAPUR DARGOPÏO**.

Nawr, **CUDDIWCH Y TUDALEN** ac **YSGRIFENNWCH BOPETH** gan roi enghreifftiau er mwyn gweld faint rydych chi wedi ei ddysgu.

1) Copïwch y llythrennau hyn a marciwch yr holl **linellau cymesuredd**.
   Hefyd dywedwch beth yw **trefn cymesuredd cylchdro** pob un ohonynt.

   ### H     N     E     Y     M     O     S     T

2) Copïwch y pum solid ar y tudalen gyferbyn **heb eu planau cymesuredd** (gweler t. 26). Yna lluniwch blân cymesuredd **gwahanol** ar gyfer pob un ohonynt.

(Nid yw lluniadu gwrthrychau 3D yn hawdd ond mae'n hwyl edrych ar ymdrechion pobl eraill.)

# Y Siapiau y Dylech eu Hadnabod

| Mae'r rhain yn farciau hawdd yn yr arholiad | Gwnewch yn siŵr eich bod yn eu hadnabod i gyd! |

## 1) SGWÂR

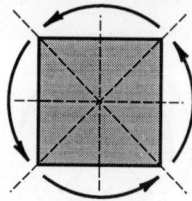

**4 llinell** cymesuredd
Cymesuredd cylchdro **trefn 4**

## 2) PETRYAL

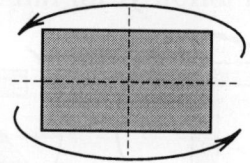

**2 linell** cymesuredd
Cymesuredd cylchdro **trefn 2**

## 3) RHOMBWS

Sgwâr wedi ei wthio i'r ochr:    Mae hefyd yn ddiemwnt.

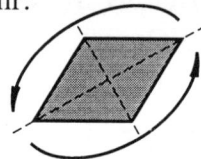
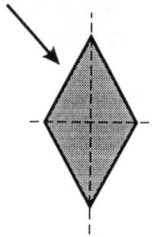

**2 linell** cymesuredd
Cymesuredd cylchdro **trefn 2**

## 4) PARALELOGRAM

Petryal wedi ei wthio i'r ochr – 2 bâr o ochrau paralel

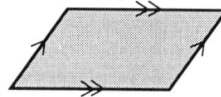
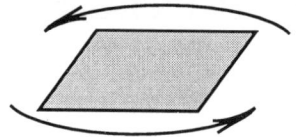

**DIM llinell** cymesuredd
Cymesuredd cylchdro **trefn 2**

## 5) TRAPESIWM

Mae gan y rhain **un pâr** o ochrau paralel

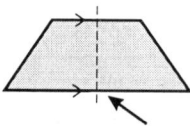
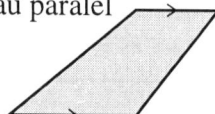

Dim ond y **trapesiwm isosgeles** sydd â llinell cymesuredd
Does dim cymesuredd cylchdro gan unrhyw un ohonynt.

## 6) BARCUD

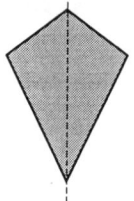

**1 llinell** cymesuredd
Dim cymesuredd cylchdro

## 7) Triongl HAFALOCHROG

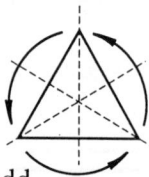

60
60   60

**3 llinell** cymesuredd
Cymesuredd cylchdro **trefn 3**

## 8) Triongl ONGL SGWÂR

Dim cymesuredd oni bai fod yr onglau'n 45°

## 9) Triongl ISOSGELES

2 ochr hafal
2 ongl hafal

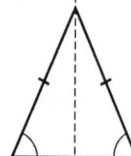
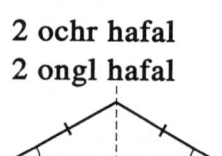

**1 llinell** cymesuredd
Dim cymesuredd cylchdro

## 10) SOLIDAU

SFFÊR
SILINDR

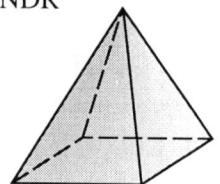

CIWB    CIWBOID    PRISM TRIONGLOG    CÔN    PYRAMID SYLFAEN SGWÂR

## Y Prawf Hollbwysig

| **DYSGWCH** bopeth ar y tudalen hwn. |

Yna cuddiwch y tudalen ac ysgrifennu'r holl fanylion y gallwch eu cofio.

# Arwynebedd

EFALLAI y bydd y fformwlâu hyn i'w cael y tu mewn i glawr blaen y papur arholiad, ond os na fyddwch yn eu dysgu ymlaen llaw, fyddwch chi ddim yn gallu eu defnyddio yn yr arholiad.

## MAE'N RHAID I CHI DDYSGU'R FFORMWLÂU HYN:

### 1) PETRYAL

Lled

Hyd

Arwynebedd petryal = Hyd × Lled

$$A = H \times Ll$$

### 2) TRIONGL

Uchder

Sail

Arwynebedd triongl = $^1/_2$ × Sail × Uchder Fertigol

$$A = {}^1/_2 \times S \times U_F$$

Noder bod yr **uchder** bob amser yn golygu'r **uchder fertigol**, nid yr uchder goleddol.

### 3) PARALELOGRAM

Uchder

Sail

Arwynebedd paralelogram = Sail × Uchder Fertigol

$$A = S \times U_F$$

### 4) TRAPESIWM

a

u

b

Arwynebedd trapesiwm = cyfartaledd yr ochrau paralel × y pellter rhyngddynt

$$A = {}^1/_2 \times (a + b) \times u$$

### 5) CYLCH

PEIDIWCH Â CHYMYSGU'R DDWY FFORMWLA HYN AR GYFER CYLCHOEDD!

$\pi$ = 3.141592 ....
= **3.14** (yn fras)

Diamedr

Radiws

1) **ARWYNEBEDD** cylch = $\pi \times$ (radiws)$^2$

$$A = \pi \times r^2$$

E.e. os yw'r radiws yn 4 cm
$A = 3.14 \times (4 \times 4)$
= **50cm²**

2) **CYLCHEDD** = $\pi \times$ Diamedr

$$C = \pi \times D$$

**CYLCHEDD** = y pellter o amgylch y tu allan i gylch

## Y Prawf Hollbwysig

DYSGWCH y tudalen hwn – yna **CUDDIWCH Y TUDALEN AC YSGRIFENNWCH** gymaint ag y gallwch **ODDI AR EICH COF**.

Gwiriwch eich gwaith a **RHOWCH GYNNIG ARALL ARNI!**

# Cwestiynau ar Gylchoedd

## 1) $\pi$    "Rhif sydd Ychydig yn Fwy na 3"

Y peth pwysig i'w gofio yw fod $\pi$ (sef pei) yn edrych yn gymhleth oherwydd mai llythyren o'r wyddor Roeg ydyw. Yn y diwedd, nid yw ond **rhif** (3.14159...) **sy'n cael ei dalgrynnu i 3 neu 3.14 neu 3.142** (gan ddibynnu pa mor fanwl gywir rydych yn dymuno iddo fod).

A dyna'r cwbl ydyw:    **RHIF SYDD YCHYDIG YN FWY NA 3.**

## 2) Mae'r Diamedr yn DDWYWAITH y Radiws

Mae'r DIAMEDR yn mynd **ar draws** y cylch
Mae'r RADIWS yn mynd **hanner ffordd** yn unig ar draws y cylch

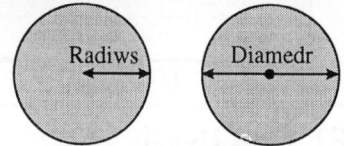

**Enghreifftiau:**

Os yw'r radiws yn 4cm, mae'r diamedr yn 8cm.    Os yw $D = 12$cm, mae $r = 6$cm.
Os yw'r radiws yn 12m, yna mae'r diamedr yn 24m.    Os yw'r diamedr = 2mm, yna mae'r radiws = 1mm.

## 3) Arc, Cord a Thangiad

**TANGIAD** yw llinell syth sy'n **prin gyffwrdd ochr allan** y cylch.
**CORD** yw llinell a lunnir **ar draws y tu mewn** i gylch.
**ARC** yw **rhan o gylchyn** cylch.

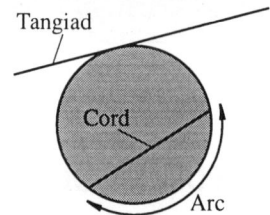

## 4) Y Penderfyniad Mawr:   "Pa fformwla cylch ddylwn ei defnyddio?"

CYFRIFO **ARWYNEBEDD** NEU **GYLCHEDD** – Cofiwch fod yna wahaniaeth!

1) Os yw'r cwestiwn yn gofyn am "**arwynebedd cylch**",
RHAID defnyddio'r FFORMWLA AR
GYFER ARWYNEBEDD:

$$A = \pi \times r^2$$

2) Os yw'r cwestiwn yn gofyn am "**gylchedd**" (y pellter o amgylch cylch),
RHAID defnyddio'r FFORMWLA AR
GYFER CYLCHEDD:

$$C = \pi \times D$$

COFIWCH, nid yw'n gwneud **unrhyw wahaniaeth o gwbl** pa un ai'r radiws neu'r diamedr sy'n cael ei roi i chi, mae'n hawdd iawn cyfrifo'r llall – mae'r diamedr bob amser **ddwywaith** y radiws.

**Enghraifft: "Darganfyddwch gylchedd ac arwynebedd y cylch a ddangosir isod."**

**ATEB:** Mae'r radiws = 5cm, felly mae'r diamedr = 10cm   (hawdd!)

Y fformwla ar gyfer **cylchedd yw:**    Y fformwla ar gyfer **arwynebedd yw:**

$C = \pi \times D$, felly          $A = \pi \times r^2$
$C = 3.14 \times 10$               $= 3.14 \times (5 \times 5)$
$= \mathbf{31.4cm}$                 $= 3.14 \times 25 = \mathbf{78.5cm^2}$

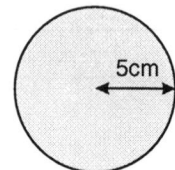

5cm

## Y Prawf Hollbwysig

Mae **4 RHAN** i'r tudalen hwn. Maent i gyd yn **hollbwysig** – DYSGWCH NHW.

Cuddiwch y tudalen ac **ysgrifennwch** bopeth rydych wedi ei ddysgu.

1) Diamedr plât yw 14cm. Darganfyddwch arwynebedd a chylchedd y plât gan ddefnyddio'r dulliau rydych newydd eu dysgu. Cofiwch ddangos eich holl waith cyfrifo ar y papur.

2) Radiws gwely blodau yw 6m. Darganfyddwch ei arwynebedd a'i gylchedd.

# Perimedrau ac Arwynebeddau

## 1) Perimedrau Siapiau Cymhleth

Gwnewch yn siŵr eich bod yn gwybod y **manylion hanfodol** am berimedr:

1) Perimedr yw'r pellter yr **holl ffordd o amgylch siâp 2D**.
2) I ddarganfod PERIMEDR, mae'n rhaid **ADIO HYD POB OCHR**, OND ... **YR UNIG FFORDD DDIBYNADWY** o wneud yn siŵr nad ydych yn anghofio ochr yw hyn:

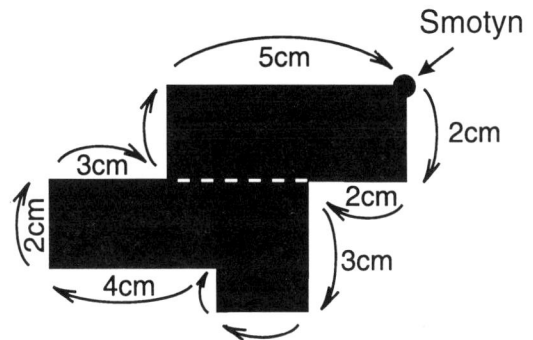

1) **RHOWCH 'SMOTYN MAWR' AR UN GORNEL** ac yna ewch o amgylch y siâp.
2) **YSGRIFENNWCH HYD POB OCHR** wrth i chi fynd o amgylch y siâp.
3) **OS OES OCHRAU NA RODDIR EU HYDOEDD** — mae'n rhaid eu cyfrifo.
4) Daliwch ati hyd nes dod yn ôl at y **SMOTYN MAWR**.

E.e. 2 + 2 + 3 + 2 + 1 + 4 + 2 + 3 + 2 + 5 = **26cm**

Efallai eich bod yn meddwl bod hwn yn **ddull trafferthus**, ond credwch fi, mae'n hawdd 'colli' ochr. Mae'n hollbwysig eich bod yn **defnyddio dulliau da a dibynadwy ar gyfer popeth** – neu fe gollwch lawer o farciau.

## 2) Arwynebedd Siapiau Cymhleth

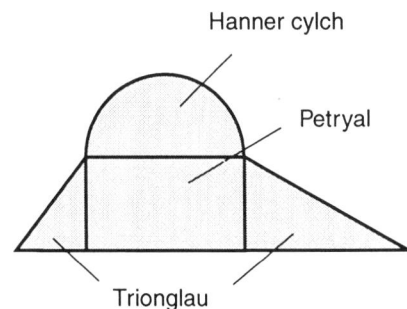

1) **RHANNWCH NHW'N** ddarnau gan ddefnyddio'r 3 siâp sylfaenol:
   **PETRYAL, TRIONGL A CHYLCH**
2) Cyfrifwch arwynebedd pob darn **AR WAHÂN**
3) Yna **ADIWCH** y cwbl
   (weithiau bydd rhaid TYNNU)

**Enghraifft:** Cyfrifwch arwynebedd y siâp hwn:

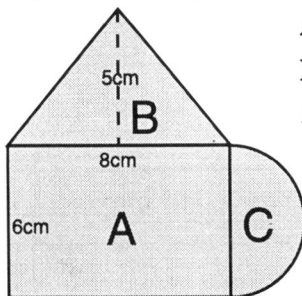

**ATEB:**

| Petryal A: | Triongl B: | Hanner cylch C: |
|---|---|---|
| Arwynebedd | Arwynebedd | Arwynebedd |
| = Hyd × Lled | = $^1/_2$ × Sail × Uchder | = $(\pi \times r^2) \div 2$ |
| = 8 × 6 | = $^1/_2$ × 8 × 5 | = $(3.14 \times 3^2) \div 2$ |
| = **48cm²** | = **20 cm²** | = **14.13cm²** |

**CYFANSWM YR ARWYNEBEDD** = 48 + 20 + 14.13 = **82.13cm²**

## Y Prawf Hollbwysig

**DYSGWCH Y RHEOLAU** ar gyfer darganfod **perimedr ac arwynebedd siapiau cymhleth.**

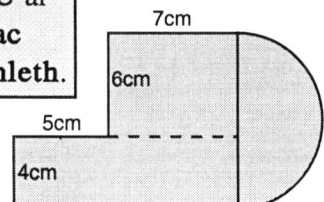

1) **Cuddiwch y tudalen ac ysgrifennwch** yr hyn rydych wedi ei ddysgu.
2) Darganfyddwch berimedr ac arwynebedd y siâp a ddangosir yma:

# Cyfaint neu Gynhwysedd

## CYFEINTIAU — MAE'N RHAID I CHI DDYSGU'R RHAIN HEFYD!

### 1) CIWBOID  (Bloc Petryalog)

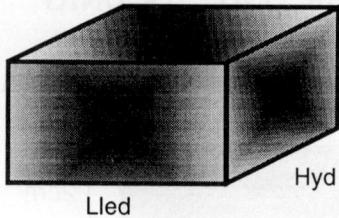

Uchder

Hyd

Lled

Cyfaint Ciwboid = Hyd × Lled × Uchder

$$C = H \times Ll \times U$$

(Y gair arall am gyfaint yw **CYNHWYSEDD**)

### 2) PRISM

**PRISM** yw gwrthych solid tri dimensiwn a chanddo **arwynebedd trawstoriad cyson** – h.y. mae'r siâp yr un fath ar ei hyd.

Am ryw reswm nid yw llawer o bobl yn gwybod beth yw prism, ond ceir cwestiwn ar brismau yn aml mewn arholiadau, felly gnwewch yn siŵr eich bod yn gwybod beth ydynt.

**Prism Cylchol**
(neu Silindr)

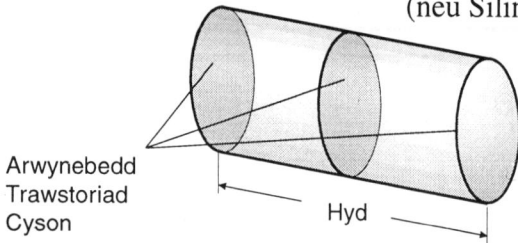

Arwynebedd
Trawstoriad
Cyson

Hyd

**Prism Hecsagonol**

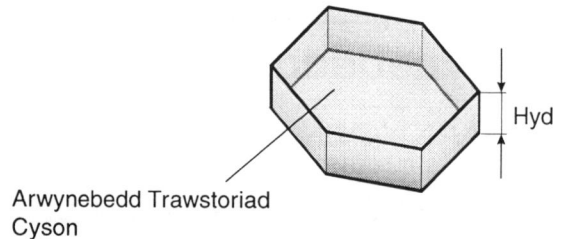

Hyd

Arwynebedd Trawstoriad
Cyson

**Prism Trionglog**

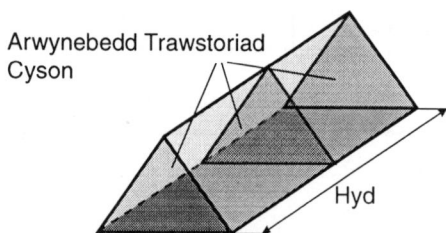

Arwynebedd Trawstoriad
Cyson

Hyd

$$\frac{\text{Cyfaint}}{\text{prism}} = \frac{\text{Arwynebedd}}{\text{trawstoriad}} \times \text{Hyd}$$

$$C = A \times H$$

Fel y gwelwch, mae'r fformwla ar gyfer cyfrifo cyfaint prism yn **syml iawn**.
Y rhan **anoddaf**, fel arfer, yw **darganfod arwynebedd y trawstoriad**.

## Y Prawf Hollbwysig

**DYSGWCH** y tudalen hwn. Yna cuddiwch y tudalen a cheisio ysgrifennu'r cynnwys. Daliwch ati nes byddwch yn llwyddo.

Dylech ymarfer y ddau gwestiwn canlynol nes byddwch yn gallu mynd drwy'r holl gamau yn rhwydd. Enwch y siapiau a darganfyddwch eu cyfeintiau:

a)

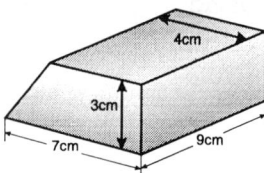

4cm

3cm

7cm

9cm

b)

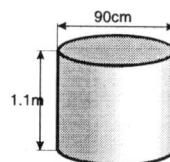

90cm

1.1m

# Solidau a Rhwydi

Mae angen i chi wybod ystyr **Wyneb**, **Ymyl** a **Fertig**:

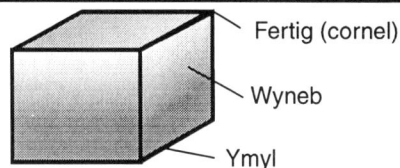

Fertig (cornel)

Wyneb

Ymyl

## Arwynebedd Arwyneb a Rhwydi

1) Defnyddir **ARWYNEBEDD ARWYNEB** wrth sôn am wrthrychau tri dimensiwn solid yn unig ac yn syml mae'n golygu **cyfanswm arwynebedd** yr holl arwynebau allanol. Pe byddech yn peintio'r gwrthrych, dyma'r holl ddarnau y byddai'n rhaid i chi eu peintio!

2) Nid oes fformwla syml ar gyfer darganfod arwynebedd arwyneb – rhaid ichi gyfrifo **arwynebedd pob wyneb fesul un** ac yna eu **HADIO**.

3) Yn syml, **RHWYD** solid yw'r **ARWYNEB FFLAT A GAWN WRTH AGOR ALLAN WYNEBAU'R SOLID**.

4) Felly: **ARWYNEBEDD ARWYNEB SOLID** = **ARWYNEBEDD Y RHWYD**

Mae 4 rhwyd y dylech fod yn gyfarwydd â nhw ar gyfer yr arholiad, a dangosir nhw isod. Mae'n eithaf posibl y gofynnir i chi dynnu llun un o'r rhain ac yna darganfod ei arwynebedd.

## 1) Prism Trionglog

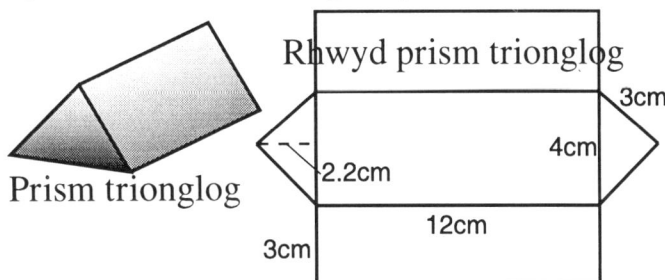

Prism trionglog

Rhwyd prism trionglog

3cm · 4cm · 2.2cm · 12cm · 3cm

## 2) Ciwb

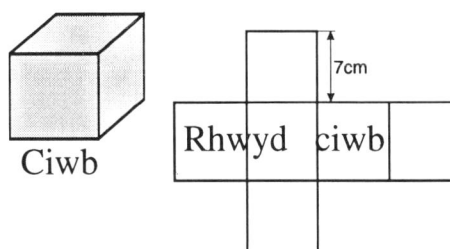

Ciwb

Rhwyd ciwb

7cm

## 3) Ciwboid

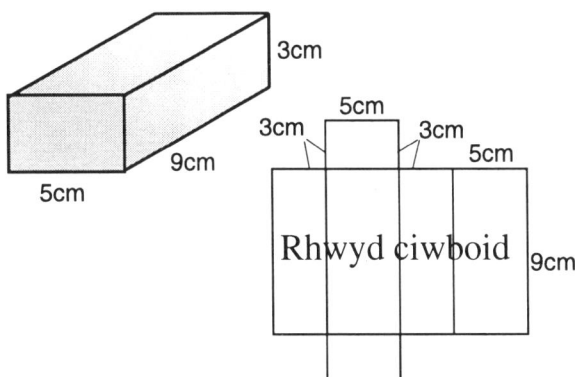

3cm · 9cm · 5cm · 5cm · 3cm · 3cm · 5cm · 5cm

Rhwyd ciwboid · 9cm

## 4) Pyramid

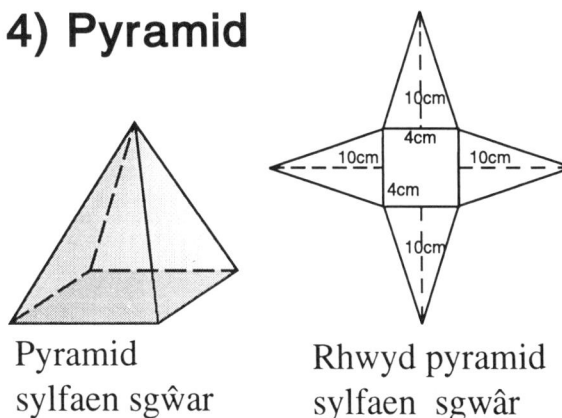

Pyramid sylfaen sgŵar

Rhwyd pyramid sylfaen sgŵar

10cm · 4cm · 10cm · 10cm · 4cm · 10cm

## Y Prawf Hollbwysig

DYSGWCH y **4 pwynt am Arwynebedd Arwyneb a Rhwydi** a'r **PEDAIR RHWYD** ar y tudalen hwn, a hefyd y **diagram** bychan ar ben y tudalen.

Nawr, cuddiwch y tudalen ac ysgrifennwch bopeth rydych wedi ei ddysgu.

1) Cyfrifwch arwynebedd y pedair rhwyd a ddangosir uchod.

# Geometreg

## 7 Rheol Syml i'w cofio – dyna i gyd:

Os byddwch yn gwybod y rhain i **GYD – YN IAWN**, bydd gennych obaith reit dda o ddatrys problemau llinellau ac onglau. Os na fyddwch yn eu gwybod – does dim gobaith o gwbl.

### 1) Onglau mewn triongl

Maent yn adio i <u>180°</u>

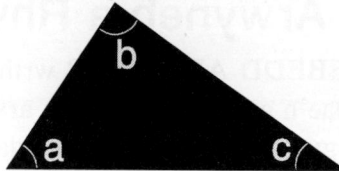

$$a + b + c = 180°$$

### 2) Onglau ar linell syth

Maent yn adio i <u>180°</u>

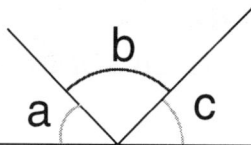

$$a + b + c = 180°$$

### 3) Onglau mewn siâp 4-ochr

("Pedrochr")

Maent yn adio i <u>360°</u>

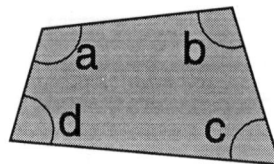

$$a + b + c + d = 360°$$

### 4) Onglau o gwmpas pwynt

Maent yn adio i <u>360°</u>

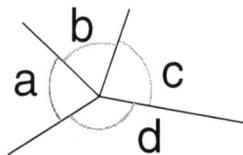

$$a + b + c + d = 360°$$

### 5) Triongl Isosgeles

**2 ochr** yr un faint
**2 ongl** yr un faint

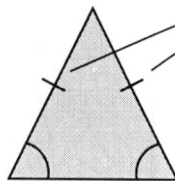

Mae'r marciau hyn yn dangos dwy ochr o'r un hyd.

Mewn triongl isosgeles, **DIM OND UN ONGL SYDD ANGEN I CHI EI GWYBOD** er mwyn darganfod y ddwy arall. **COFIWCH HYN**, a gallai fod yn ddefnyddiol iawn.

**a)**

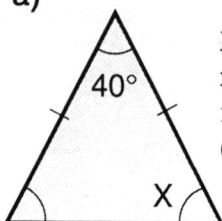

180° – 40° = 140°
**Mae'r ddwy ongl sail yr un faint**. Rhaid iddynt adio i 140°, felly mae'r ddwy yn hanner 140° (= 70°). Felly mae X = **70°**

**b)**

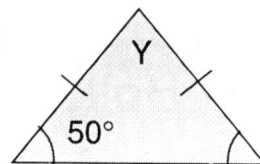

Mae'r **ddwy ongl sail yr un faint**, felly 50° + 50° = 100°.
Mae'r onglau i gyd yn adio i 180°.
Felly, mae Y = 180° – 100° = **80°**

# Geometreg

## 6) Llinellau Paralel

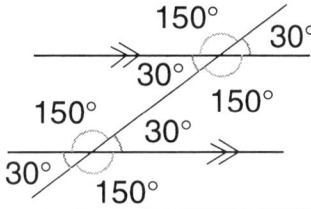

150° 30° 30° 150° 150° 30° 30° 150°

Pan fo un llinell yn croesi **2 linell baralel**, yna **bydd yr onglau wrth y croesiadau yn hafal.**

[Golyga'r saethau fod y 2 linell yn baralel]

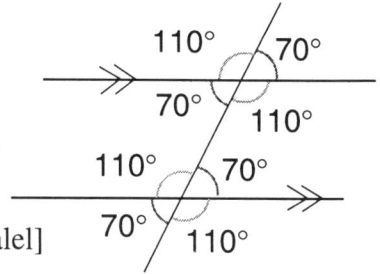

110° 70° 70° 110° 110° 70° 70° 110°

Pan fo gennych **DDWY LINELL BARALEL .....**
dim ond **dwy ongl wahanol** sydd: **UN FACH** ac **UN FAWR**
ac maent bob amser yn adio i **180°**.
E.e. 30° a 150° neu 70° a 110°

Un o'r pethau mwyaf anodd am linellau paralel yw **DOD O HYD IDDYNT YN Y LLE CYNTAF** – edrychwch am siapiau "Z", "C", "U", "F".

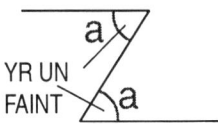

Os oes angen, **ESTYNNWCH Y LLINELLAU** er mwyn **hwyluso'r gwaith**.

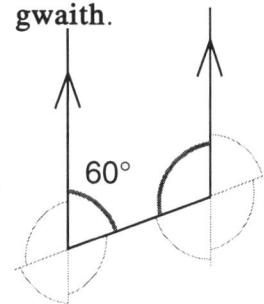

YN ADIO I 180°

a YR UN FAINT a

a YN ADIO I 180° b

b a

a a YR UN FAINT

60°

Mewn **siâp Z** gelwir yr onglau yn "**ONGLAU EILEDOL**"

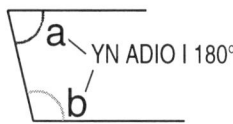

Os ydynt yn adio i 180°, gelwir yr onglau yn "**ONGLAU ATODOL**"

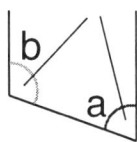

Mewn **siâp F** gelwir yr onglau yn "**ONGLAU CYFATEBOL**"

Mae'n rhaid i chi ddysgu'r enwau hyn hefyd.

## 7) Polygonau afreolaidd: Onglau mewnol ac allanol

Yn syml, mae polygon afreolaidd yn golygu unrhyw siâp a chanddo lawer o ochrau syth nad ydynt i gyd o'r un hyd. Dylech wybod y ddwy fformwla hyn:

Onglau Allanol

Onglau Mewnol

**Swm yr Onglau Allanol = 360°**

**Swm yr Onglau Mewnol = $(n - 2) \times 180°$**
lle saif $n$ am nifer yr ochrau

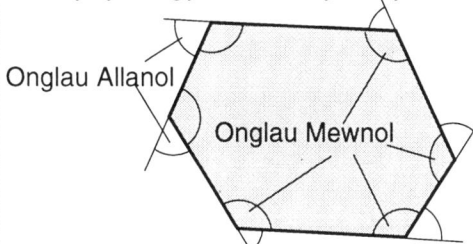

6 ochr

4 triongl

Ceir y fformwla $(n - 2) \times 180°$ drwy rannu'r tu mewn i'r polygon yn drionglau gan ddefnyddio croesliniau llawn. Mae pob triongl yn cynnwys 180°, felly'r cyfan sydd raid ei wneud yw rhifo'r trionglau a lluosi â 180°. Bydd nifer y trionglau bob amser ddau yn llai na nifer yr ochrau, a hyn sy'n rhoi $(n - 2)$.

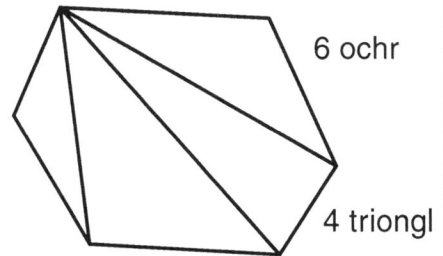

# Y Prawf Hollbwysig

**DYSGWCH BOPETH** ar y ddau dudalen hyn. **Cuddiwch** y tudalen a cheisio gweld faint fedrwch chi ei **ysgrifennu**.

1) Darganfyddwch faint ongl Z yn y triongl a ddangosir yma:
2) Beth yw swm onglau allanol polygon 7 ochr?
3) Beth yw swm onglau mewnol polygon 5 ochr?
4) Yn un o'r diagramau uchod gwelir bod un ongl yn 60°. Darganfyddwch faint y 7 ongl arall.

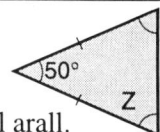

50° Z

# Geometreg y Cylch

## 4 Rheol Syml i'w cofio – dyna i gyd:

Rhaid i chi ddysgu'r rhain hefyd er mwyn datrys problemau ar gylchoedd.

### 1) ONGL MEWN HANNER CYLCH = 90°

Mae triongl sy'n cael ei dynnu **o ddau ben diamedr** BOB AMSER yn gwneud ongl o **90° yn y man lle bydd yn cyffwrdd** ag ymyl y cylch, ble bynnag y bydd hynny.

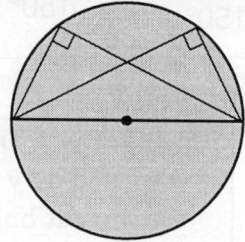

### 2) MAE TANGIAD A RADIWS YN CYFARFOD AR 90°

TANGIAD yw llinell sy'n prin gyffwrdd ag ymyl cromlin.
**Os yw tangiad a radiws yn cyfarfod** yn yr un pwynt, yna mae'r ongl rhyngddynt yn UNION 90°.

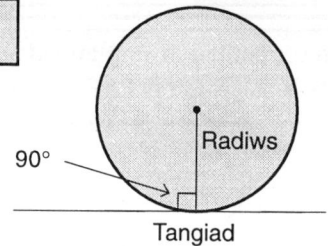

90°

Radiws

Tangiad

### 3) TRIONGLAU ISOSGELES SY'N CAEL EU FFURFIO GAN DDAU RADIWS

**Yn wahanol i drionglau isosgeles eraill, does yma ddim marciau bychain ar yr ochrau** i'ch atgoffa eu bod o'r un hyd – mae'r ffaith mai **dau radiws sydd yma** yn ddigon i wneud y triongl yn isosgeles.

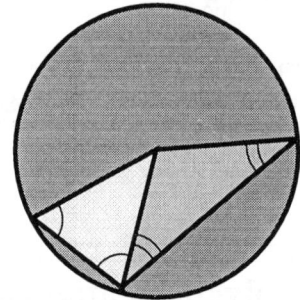

### 4) MAE HANERYDD PERPENDICWLAR CORD YN DDIAMEDR

CORD yw unrhyw linell sydd wedi'i **thynnu ar draws cylch**, a ble bynnag mae'r cord, bydd y llinell sy'n ei **dorri'n union yn ei hanner** (ar ongl o 90°) yn mynd **trwy ganol y cylch** ac felly mae'n **rhaid bod** hon yn DDIAMEDR.

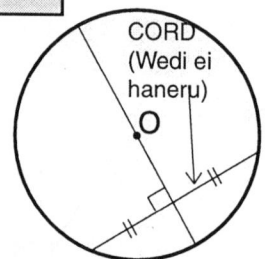

CORD
(Wedi ei haneru)

O

### 5) OS BYDDWCH YN CAEL ANHAWSTER ...

Mae'n ddigon hawdd syllu ar broblem geometrig a bod **ar goll yn llwyr** – OS BYDD HYN YN DIGWYDD, dyma beth fydd yn rhaid i chi ei wneud:

**EWCH DRWY'R 11 RHEOL, FESUL UN, A CHYMHWYSO POB UN OHONYNT YN EU TRO** mewn cymaint o ffyrdd ag sydd bosibl – MAE UN OHONYNT YN SIŴR O WEITHIO.

## Y Prawf Hollbwysig

DYSGWCH y **4 Rheol** hyn yn ogystal â'r 7 Rheol ar y ddau dudalen diwethaf. Yna **cuddiwch y tudalen ac ysgrifennwch y rheolau hyn**.

Gwiriwch eich gwaith a rhowch gynnig arall arni – a daliwch ati nes byddwch yn llwyddo.

# Nodiant Tair Llythyren ar gyfer Onglau

## Defnyddio Tair Llythyren i Ddynodi Onglau

Y ffordd orau o drafod onglau mewn diagram yw trwy ddefnyddio **TAIR llythyren**. Er enghraifft, yn y diagram, mae **ongl ACB = 25°**.

Dyma'r dull a ddefnyddir yn yr arholiad – felly dylech fod yn gyfarwydd ag ef.   Mae'n eithaf syml.

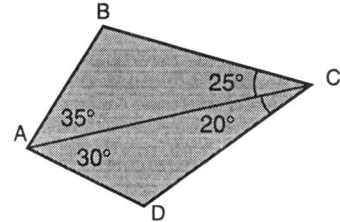

1) **Y LLYTHYREN GANOL** sy'n nodi lleoliad yr ongl.
2) Mae'r **DDWY LYTHYREN ARALL** yn dweud wrthych **PA DDWY LINELL** sy'n cynnwys yr ongl.

**ENGHREIFFTIAU O'R DIAGRAM UCHOD:**

1) Mae ongl BCD **yn C** ac yn **CAEL EI CHYNNWYS GAN** y llinellau BC a CD (Rhannu BCD yn BC–CD). Felly mae **ongl BCD = 45°**.

2) Mae ongl ACD (AC–CD) **yn C** ac yn **CAEL EI CHYNNWYS GAN** y llinellau AC a CD. **ACD = 20°**.

## Cwestiwn Eithaf Anodd
## – sy'n egluro'r nodiant 3 llythyren ar gyfer Onglau

Cwestiwn.   **Darganfyddwch yr holl onglau sydd yn y diagram hwn**.

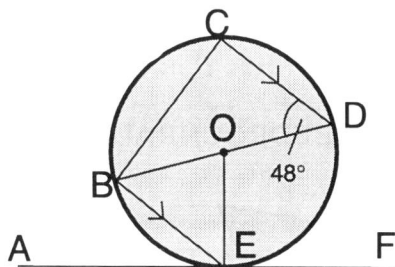

**ATEB:**
1) BCD = **90°** (Ongl mewn hanner cylch)
2) Felly mae CBO = **42°** (Onglau triongl = 180°)
3) OBE = ODC (= **48°**) (Llinellau paralel siâp Z)
4) OEB = OBE (= **48°**)
   (OEB yn driongl isosgeles anodd ei weld)
5) BOE = **84°**
   (Onglau mewn triongl:  180 – 48 – 48 = 84)
6) OEF = **90°** (Tangiad a radiws yn cyfarfod ar 90°)
7) AEB = **42°** (90° – OEB)

## Y Prawf Hollbwysig

DYSGWCH beth yw ystyr **nodiant 3 llythyren**. Yna **cuddiwch y tudalen** a rhowch enghraifft.

1) Edrychwch ar y diagram ar ben y tudalen a nodwch faint ongl BAC, a hefyd rhowch y nodiant 3 llythyren ar gyfer yr onglau sy'n **a)** 30° a **b)**  65°.

2) **Defnyddiwch yr enghraifft uchod i ymarfer** nes byddwch **yn deall pob cam** ac y gallwch wneud y gwaith eich hun heb gymorth y nodiadau – daliwch i ymarfer nes byddwch yn llwyddo.

# Helaethiad – Y 4 Nodwedd Bwysig:

**1)** Os yw'r **Ffactor Graddfa** yn **FWY NAG 1** yna mae'r siâp yn mynd yn **FWY**.

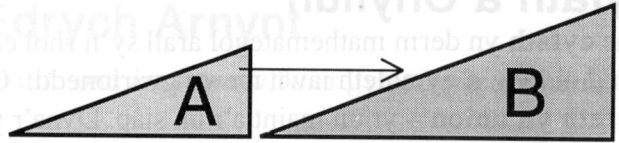

Mae A i B yn Helaethiad, Ffactor Graddfa $1\frac{1}{2}$

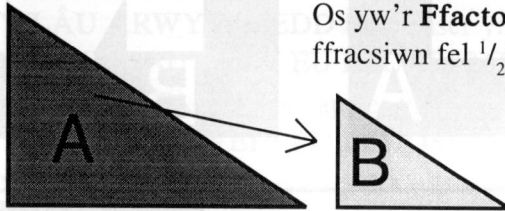

**2)** Os yw'r **Ffactor Graddfa** yn **LLAI NAG 1** (h.y. ffracsiwn fel $\frac{1}{2}$), yna mae'r siâp yn mynd yn **LLAI**.

(Gostyngiad yw hwn mewn gwirionedd, ond er hynny gellir ei alw'n **Helaethiad, Ffactor Graddfa $\frac{1}{2}$**)

Mae A i B yn Helaethiad, Ffactor Graddfa $\frac{1}{2}$

**3)** Helaethiad Ffactor Graddfa 3

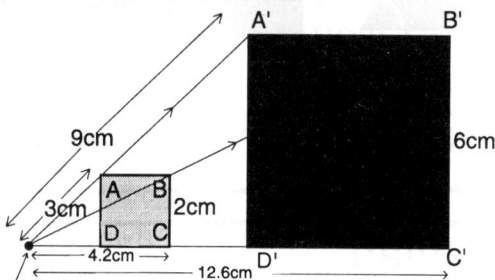

9cm

3cm

A B
D C

2cm

4.2cm

12.6cm

6cm

Canol yr Helaethiad

Mae'r **Ffactor Graddfa** hefyd yn rhoi **PELLTER CYMHAROL** hen bwyntiau a phwyntiau newydd **o Ganol yr Helaethiad**.

Mae hyn yn **DDEFNYDDIOL IAWN WRTH LUNIO HELAETHIAD**, oherwydd gallwch ei ddefnyddio i **benderfynu safleoedd y pwyntiau newydd** o ganol yr helaethiad, fel y dangosir yn y diagram.

**4)** Mae hydoedd y ddau siâp (mawr a bach) **yn gysylltiedig â'r Ffactor Graddfa** drwy'r **Triongl Fformwla HYNOD O BWYSIG** hwn **Y BYDD YN RHAID I CHI EI DDYSGU:**
(Gweler t. 47 ar Drionglau Fformwla)

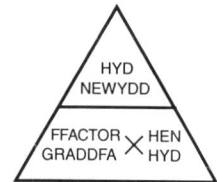

HYD NEWYDD

FFACTOR GRADDFA $\times$ HEN HYD

Nawr rydych yn barod i ateb y cwestiwn arholiad clasurol ar "Lun wedi ei helaethu"
— a hynny'n rhwydd iawn:

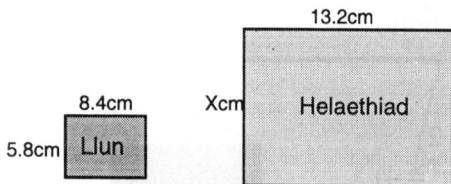

13.2cm

8.4cm

5.8cm Llun

Xcm Helaethiad

I ddarganfod lled y llun sydd wedi ei helaethu defnyddir y **triongl fformwla DDWYWAITH** (yn gyntaf i ddarganfod y **Ffactor Graddfa**, ac yna i ddarganfod yr ochr **anhysbys**):

**1) Ffactor Graddfa** = Hyd newydd ÷ Hen hyd = 13.2 ÷ 8.4 = **1.57**
**2) Lled newydd** = Ffactor Graddfa × Hen led = 1.57 × 5.8 = **9.1cm**

**OND BYDDECH YN HOLLOL AR GOLL HEB Y TRIONGL FFORMWLA!**

# Y Prawf Hollbwysig

**DYSGWCH** BETH YW **PEDAIR NODWEDD BWYSIG** helaethiadau, yn enwedig y TRIONGL FFORMWLA

Yna, **pan fyddwch yn meddwl eich bod yn eu gwybod**, cuddiwch y tudalen a'u hysgrifennu nhw i gyd **oddi ar eich cof**, gan gynnwys y brasluniau a'r enghreifftiau, **yn enwedig y llun wedi ei helaethu**. Daliwch ati nes byddwch yn llwyddo.

# Y Pedwar Trawsffurfiad

| | | |
|---|---|---|
| **C** ylchdro | – **TRI** manylyn |
| **A** dlewyrchiad | – **UN** manylyn |
| **T** rawsfudiad | – **UN** manylyn |
| **H** elaethiad | – **DAU** fanylyn |

1) Defnyddiwch y gair **CATH** i gofio'r 4 math.

2) Rhaid i chi roi'r **manylion i gyd** bob tro ar gyfer pob math.

## 1) TRAWSFUDIAD

| Mae'n rhaid i chi roi'r UN manylyn hwn: | 1) **FECTOR Y TRAWSFUDIAD** $\left(\begin{smallmatrix} \xrightarrow{X} \\ \uparrow Y \end{smallmatrix}\right)$ (Gweler t. 43 ar nodiant fector) |
|---|---|

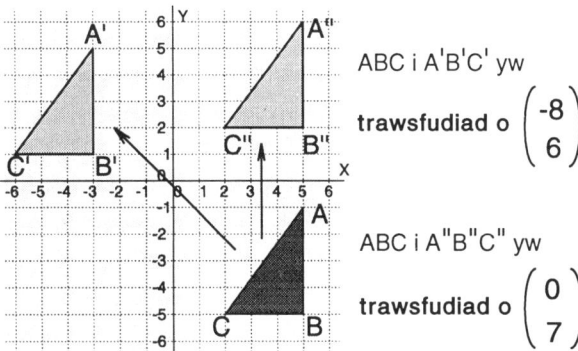

ABC i A'B'C' yw trawsfudiad o $\begin{pmatrix} -8 \\ 6 \end{pmatrix}$

ABC i A"B"C" yw trawsfudiad o $\begin{pmatrix} 0 \\ 7 \end{pmatrix}$

## 2) HELAETHIAD

| Mae'n rhaid i chi roi'r 2 fanylyn hyn: | 1) Y **FFACTOR GRADDFA** 2) **CANOL** yr Helaethiad |
|---|---|

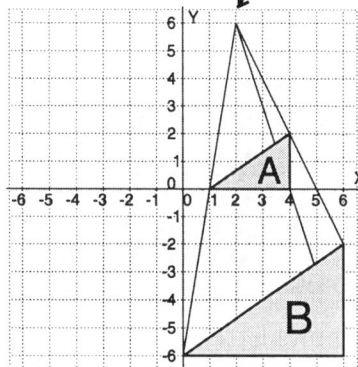

Mae o **A** i **B** yn helaethiad **ffactor graddfa 2**, a chanol (2,6)

Mae o **B** i **A** yn helaethiad **ffactor graddfa 1/2**, a chanol (2,6)

## 3) CYLCHDRO

| Mae'n rhaid i chi roi'r 3 manylyn hyn: | 1) **ONGL** y troad 2) **CYFEIRIAD** (Clocwedd neu wrthglocwedd) 3) **CANOL** y Cylchdro |
|---|---|

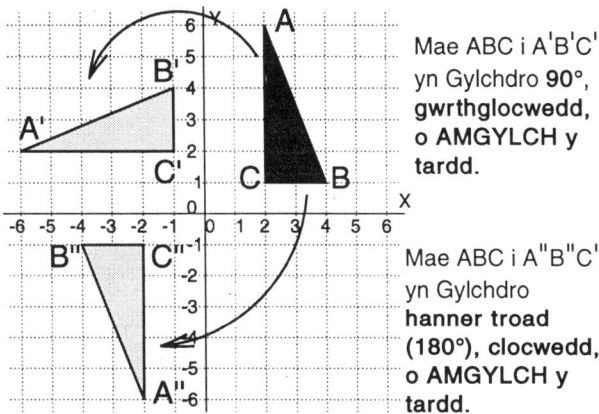

Mae ABC i A'B'C' yn Gylchdro **90°**, gwrthglocwedd, o AMGYLCH y tardd.

Mae ABC i A"B"C" yn Gylchdro **hanner troad (180°)**, clocwedd, o AMGYLCH y tardd.

## 4) ADLEWYRCHIAD

| Mae'n rhaid i chi roi'r UN manylyn hwn: | 1) Y **LLINELL DDRYCH** |
|---|---|

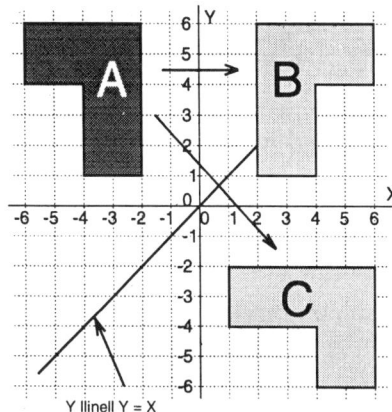

Adlewyrchiad yn yr echelin Y yw A i B

Adlewyrchiad yn y llinell Y = X yw A i C

Y llinell Y = X

# Y Prawf Hollbwysig

**DYSGWCH enwau'r Pedwar Trawsffurfiad** a'r manylion am bob un ohonynt. Pan fyddwch yn meddwl eich bod yn eu gwybod, **cuddiwch y tudalen a'u hysgrifennu.**

1) Disgrifiwch y trawsffurfiadau hyn **yn llawn**:
A → B, B → C, C → A, A → D.

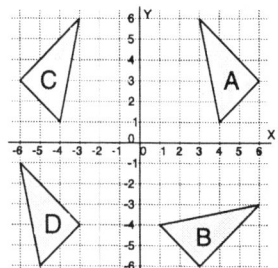

# Crynodeb Adolygu Adran 2

Efallai fod y cwestiynau hyn yn ymddangos yn anodd, **ond dyma'r math gorau o adolygu allwch chi wneud**. Holl bwrpas adolygu yw **darganfod y pethau nad ydych yn eu gwybod** ac yna eu dysgu **nes byddwch yn eu gwybod**. Mae'r cwestiynau anodd hyn yn dangos faint rydych chi'n ei wybod. Maent yn dilyn trefn y tudalennau yn Adran 2, felly mae'n ddigon hawdd i chi wirio unrhyw beth nad ydych yn ei wybod.

**Daliwch ati i ddysgu'r ffeithiau sylfaenol hyn nes byddwch yn eu gwybod.**

1) Beth yw polygon rheolaidd? Tynnwch lun y 6 chyntaf, a disgrifiwch eu cymesuredd.
2) Pa rai yw'r 2 ongl allweddol mewn polygonau rheolaidd? Sut mae darganfod yr onglau hyn?
3) Beth yw enwau'r 3 math o gymesuredd? Tynnwch lun enghreifftiol o bob un ohonynt.
4) Beth yw'r cyfarpar mwyaf defnyddiol ar gyfer gweithio gyda chymesuredd?
5) Tynnwch luniau ac enwch 6 math gwahanol o bedrochrau a nodwch eu holl gymesuredd.
6) Enwch 3 thriongl gwahanol. Tynnwch lun ohonynt a rhowch ddisgrifiad llawn o'u cymesuredd.
7) Enwch a thynnwch lun y 7 solid gwahanol ag 1 plân cymesuredd i bob un.
8) Ysgrifennwch y fformwlâu ar gyfer arwynebedd 5 siâp o fath gwahanol.
9) Beth yw $\pi$? Beth yw'r ddwy fformwla ar gyfer cylch? Pryd fyddwch yn eu defnyddio?
10) Tynnwch lun cylch ac arno dangoswch: radiws, diamedr, arc, cord, tangiad.
11) Nodwch beth yw'r 3 cham pwysig ar gyfer darganfod perimedr siâp yn llwyddiannus.
12) Beth yw'r 3 rheol wrth ddarganfod arwynebeddau cymhleth?
13) Rhowch y fformwlâu ar gyfer cyfeintiau dau fath o solid.
14) Beth yn union yw prism? Tynnwch lun prism a dangoswch y ddau fanylyn pwysig arno.
15) Eglurwch beth yw ystyr arwynebedd arwyneb a beth yw rhwyd.
16) Beth yw'r cysylltiad rhwng y ddau? Oes yna fformwla ar gyfer darganfod arwynebedd arwyneb?
17) Tynnwch luniau'r 4 rhwyd bwysig.
18) Rhestrwch 7 rheol gyntaf geometreg, a rhowch fanylion ychwanegol ynglŷn â'r 3 olaf.
19) Rhestrwch 4 rheol geometreg y cylch.
20) Beth yw'r nodiant 3 llythyren ar gyfer onglau? Rhowch enghraifft.
21) Rhowch y 3 rheol ar gyfer adnabod pa fformwlâu sy'n cyfeirio at hyd, arwynebedd a chyfaint.
22) Beth yw pedrochr?
23) Eglurwch ystyr ongl lem ac ongl aflem a rhowch 2 enghraifft o bob un.
24) Eglurwch beth yw cyfath a chyflun.
25) Os yw gwrthrych yn cael ei helaethu gan ffactor graddfa 3, faint mwy fydd arwynebedd a chyfaint y siâp newydd?
26) Beth yw'r rheolau ar gyfer hyn yn nhermau ffactor graddfa $n$?
27) Mewn helaethiadau, beth yw effaith ffactor graddfa sy'n **fwy** nag 1?
28) Beth yw effaith ffactor graddfa sy'n **llai** nag 1?
29) Beth yw canol helaethiad?
30) Sut y defnyddir hwn ar gyfer llunio helaethiad?
31) Beth yw'r Triongl Fformwla ar gyfer helaethiadau?
32) Dangoswch sut mae hwn yn gweithio drwy ddefnyddio'r cwestiwn am y llun wedi'i helaethu.
33) Beth yw ystyr CATH?
34) Rhowch fanylion y 4 math o drawsffurfiad.

## Theorem Pythagoras

1) Mae **THEOREM PYTHAGORAS** yn mynd law yn llaw â SIN, COS a TAN gan eu bod yn ymwneud â **THRIONGLAU ONGL SGWÂR**.

2) Ond **NID YW THEOREM PYTHAGORAS YN TRAFOD ONGLAU O GWBL**. Mae'n defnyddio **dwy ochr** triongl i ddarganfod y **drydedd ochr**. (Mae SIN, COS a TAN bob amser yn trafod **ONGLAU**.)

**Dull**    Y fformwla sylfaenol ar gyfer theorem Pythagoras yw:

$$a^2 + b^2 = h^2$$

Cofiwch – dim ond gyda **THRIONGLAU ONGL SGWÂR** y gellir defnyddio theorem Pythagoras.

Gall y fformwla fod yn un eithaf anodd i'w defnyddio. **Felly**, byddai'n llawer gwell **cofio'r** 3 cham syml canlynol, sy'n sicr o weithio bob tro:

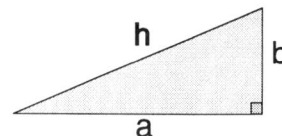

**1) Sgwario**

    **SGWARIWCH Y DDAU RIF** a roddir gan ddefnyddio'r botwm $x^2$ .

**2) Adio neu Dynnu**

    Er mwyn darganfod yr **ochr hiraf**,    **ADIWCH** y ddau rif sgwâr hyn.
    Er mwyn darganfod un o'r **ochrau byr**,    **TYNNWCH** y lleiaf o'r mwyaf.

**3) Ail Isradd**

    Ar ôl adio neu dynnu, darganfyddwch **AIL ISRADD** yr ateb drwy bwyso $\sqrt{}$ .

    Yna gwiriwch fod eich ateb yn gwneud synnwyr.

**Enghraifft**    "Darganfyddwch hyd anhysbys ochr y triongl hwn"

**Ateb:**

Cam 1)    **Sgwario:**   $5^2 = 25$,    $3^2 = 9$

Cam 2)    Rydym am ddarganfod hyd un o'r **ochrau byr**, felly **TYNNU:**   $25 - 9 = 16$

Cam 3)    **Ail isradd:**    $\sqrt{16} = 4$

    **Felly, hyd yr ochr anhysbys = 4m**

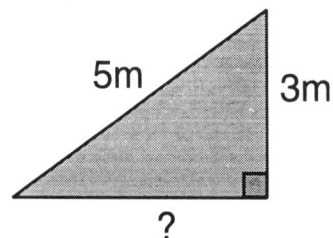

(Bob tro, mae'n rhaid i chi ofyn y cwestiwn: "Ydy hwn yn ateb sy'n gwneud synnwyr?" – yn yr achos hwn gallwch ddweud "YDY", gan ei fod yn llai na 5m, fel y dylai fod gan mai 5m yw'r ochr hiraf")

# Y Prawf Hollbwysig

DYSGWCH y **2 ffaith** sy'n cysylltu **Pythagoras â SIN, COS a TAN**, a **3 cham y dull Pythagoras**.

Nawr **cuddiwch y tudalen ac ysgrifennwch yr hyn rydych wedi ei ddysgu**.

1) Yna defnyddiwch y dull uchod i ddarganfod hyd ochr BC:

2) Mae ochrau triongl arall yn mesur 5m, 12m a 13m.
    A yw'r triongl hwn yn driongl ongl sgwâr?
    Sut rydych yn gwybod hyn?

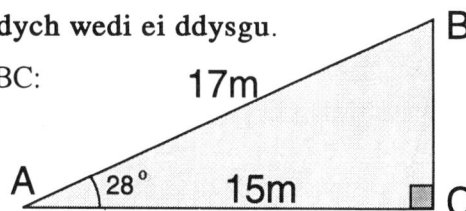

# Cyfeiriannau

## Cyfeiriannau – 3 Phwynt Allweddol

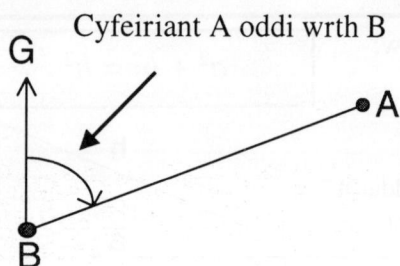

Cyfeiriant A oddi wrth B

G

A

B

1) Cyfeiriant yw'r **CYFEIRIAD A DEITHIWYD** rhwng dau bwynt, **AC FE'I RHODDIR FEL ONGL** mewn graddau.

2) Mae pob cyfeiriant yn cael ei fesur yn **GLOCWEDD o LINELL Y GOGLEDD**.

3) Caiff pob cyfeiriant ei roi fel **3 ffigur**, e.e. 243°, 060° (nid 60°), 008° (nid 8°), 018° etc.

## Y 3 Gair Allweddol

Dysgwch y rhain os ydych am gael eich cyfeiriannau'n GYWIR

### Enghraifft

Darganfyddwch gyfeiriant Q oddi wrth P:

### 1) "ODDI WRTH"

**Chwiliwch am y gair "O" neu "ODDI WRTH" yn y cwestiwn**, a rhowch eich pensil ar y diagram ar y pwynt yr ydych yn mynd '**oddi wrtho**'.

② "Llinell y Gogledd yn P"

① "Oddi wrth P"

### 2) LLINELL Y GOGLEDD

Lluniwch LINELL Y GOGLEDD yn y pwynt yr ydych yn mynd '**oddi wrtho**'.

G

P

Q

③ "Yn **glocwedd** o Linell y Gogledd"

### 3) CLOCWEDD

Nawr lluniwch yr ongl yn GLOCWEDD **o linell y gogledd i'r llinell sy'n cysylltu'r ddau bwynt**. Yr ongl hon yw'r **CYFEIRIANT**.

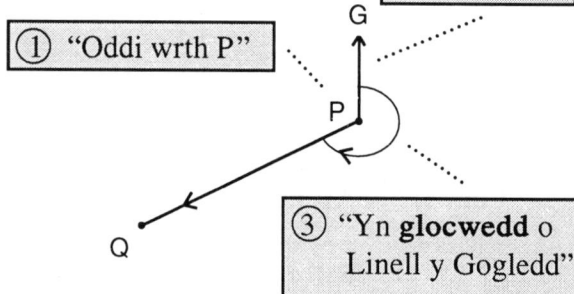

Yr ongl hon yw **cyfeiriant Q oddi wrth P** ac mae'n **245°**.

## Y Prawf Hollbwysig

DYSGWCH beth yw **3 Nodwedd Cyfeiriannau** a **3 Cham Allweddol** y dull o'u darganfod.

Nawr **cuddiwch y tudalen** ac ysgrifennwch yr hyn rydych newydd ei ddysgu. Daliwch ati **nes gallwch ysgrifennu'r chwe phwynt oddi ar eich cof.**

T

H

1) Darganfyddwch gyfeiriant H oddi wrth T. (Defnyddiwch onglydd)
2) Darganfyddwch gyfeiriant T oddi wrth H.

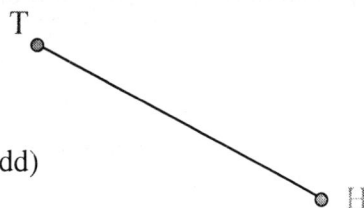

43

# Fectorau

**RHAI FFEITHIAU HYNOD O BWYSIG** y dylech eu gwybod ynglŷn â Fectorau:

## 1) FECTOR yw llinell o hyd arbennig mewn cyfeiriad arbennig

1) Dangosir fectorau *bob amser* fel **llinellau â saethau arnynt**.

2) Mae hyd a chyfeiriad y llinell yn cynrychioli maint a chyfeiriad yr hyn y cyfeirir ato.

3) Mae 4 nodiant y dylech eu gwybod.
   Gellir cyfeirio at y fector a ddangosir yma fel:

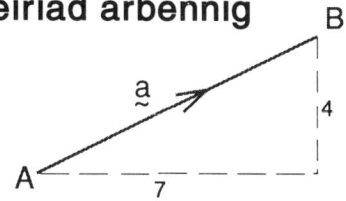

$$\binom{7}{4} \quad \text{neu} \quad \underset{\sim}{a} \quad \text{neu} \quad \mathbf{a} \text{ (mewn teip bold)} \quad \text{neu} \quad \overrightarrow{AB}$$

## 2) Beth yn Union yw Fector?

**MAE GAN FECTOR FAINT A CHYFEIRIAD** – a dylech gofio hynny.

"Ond beth yw fector?"

Mae fectorau yn cynrychioli **pethau go iawn** a chanddynt **FAINT** a **CHYFEIRIAD**:
   pethau fel safle, cyflymder, cyflymiad, grym – pethau sydd â **chyfeiriad** yn ogystal â **maint**.
(Ar y llaw arall **NID** yw tymheredd yn fector, gan mai gwerth yn unig sydd ganddo, e.e. 80° C,
   – nid yw byth yn pwyntio i gyfeiriad arbennig.)
Felly mae'r saethau hyn yr ydych yn eu trafod yn cynrychioli pethau **pendant** fel
   cyflymder, etc.
Yn ffodus mae gwybod y rheolau syml hyn yn ddigon i chi fedru ateb cwestiynau ar fectorau –
   ond er hynny mae'n braf gwybod nad ydynt yn *hollol* amherthnasol.

## 3) Fectorau Colofn

1) Y nodiant ar gyfer fector colofn yw: $\begin{pmatrix} x \rightarrow \\ y \uparrow \end{pmatrix}$, h.y. dau rif mewn cromfachau.

   Yma:     **Rhif uchaf** = y pellter a symudwyd yn **y cyfeiriad +X** ($\rightarrow$)
            **Rhif isaf** = y pellter a symudwyd yn **y cyfeiriad +Y** ($\uparrow$).

2) Gofalwch roi *x* ac *y* **yn y drefn gywir**.

   Y ddau fector a ddangosir yw $\begin{pmatrix} 7 \\ 3 \end{pmatrix}$ a $\begin{pmatrix} 6 \\ -4 \end{pmatrix}$

3) Sylwch hefyd y bydd symud $\leftarrow$ neu $\downarrow$ yn golygu
   rhif **negatif** yn y fector colofn, e.e. -4 yn
   yr uchod.

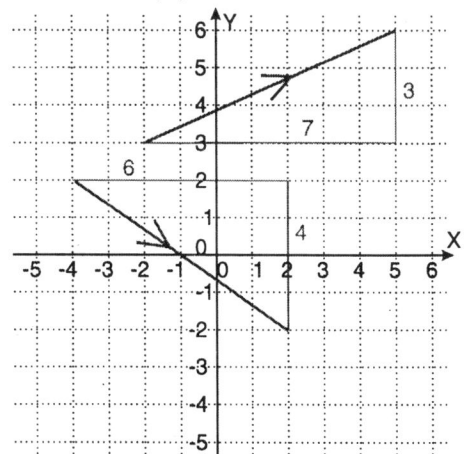

# Y Prawf Hollbwysig

**DYSGWCH gynnwys y tudalen hwn.** Mae amryw o bwyntiau pwysig ym mhob un o'r 3 rhan – **DYSGWCH NHW I GYD.**

1) Nawr cuddiwch y tudalen ac ysgrifennwch bopeth a wyddoch am fectorau, yn cynnwys y 4 nodiant, y 3 rheol ar gyfer fector colofn a'r 4 enghraifft o fector cyffredin a chyfarwydd.

44

# Trigonometreg – SIN, COS, TAN

Mae defnyddio **trionglau fformwla** i wneud Trigonometreg yn gwneud popeth yn haws, os cofiwch ddilyn y camau hyn i gyd yn y drefn hon **BOB AMSER**. Os anghofiwch un ohonynt rydych yn gofyn am helynt.

**Dull**   Defnyddio SIN, COS a TAN i ddatrys trionglau ongl sgwâr.

**1)** Labelwch y tair ochr yn C, A a H

(Cyferbyn, Agos a Hypotenws)

**2)** COFIWCH:   "SIN yw C dros H"
"COS yw A dros H"
"TAN yw C dros A"

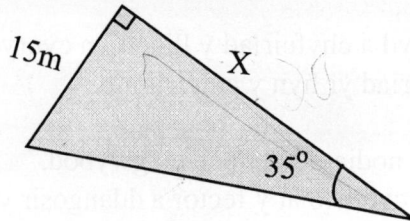

15m      X      35°

**3)** Penderfynwch **PA DDWY OCHR sydd dan sylw**   C,H   A,H   neu   C,A

ac yna dewiswch yr ymadrodd cywir o'r uchod

**4)** Trowch yr un rydych yn ei ddewis yn **DRIONGL FFORMWLA**, felly:

"SIN yw C dros H"      "COS yw A dros H"      "TAN yw C dros A"      (Gweler t. 47)

$$\frac{C}{S^\theta \times H}$$      $$\frac{A}{C^\theta \times H}$$      $$\frac{C}{T^\theta \times A}$$

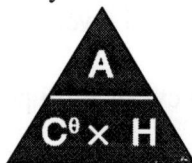

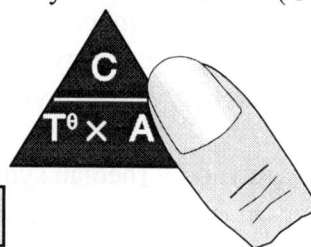

**5)** Cuddiwch yr hyn rydych am ei ddarganfod â'ch bys

ac ysgrifennwch beth bynnag sydd ar ôl i'w weld.

**6)** Rhowch rifau yn lle'r llythrennau a chyfrifwch yr ateb.

**7)** Yn olaf, gwiriwch fod eich ateb yn **gwneud synnwyr**.

## Saith o Fanylion i'w Cofio

\* **HYPOTENWS** yw'r **OCHR HIRAF**.
**CYFERBYN** yw'r ochr **GYFERBYN** â'r ongl a ddefnyddir ($\theta$).
**AGOS** yw'r ochr **AGOSAF** at yr ongl a ddefnyddir.

\* $\theta$ yw'r llythyren Roeg "theta", ac **fe'i defnyddir i gynrychioli ONGLAU**.

\* **Yn y triongl fformwla**, mae $S^\theta$ yn cynrychioli SIN $\theta$, $C^\theta$ yn cynrychioli COS $\theta$ a $T^\theta$ yn cynrychioli TAN $\theta$.

\* I fewnbynnu SIN 45, dyweder, i'r cyfrifiannell, rhaid i chi wneud hynny **O CHWITH** ar y rhan fwyaf o gyfrifianellau: e.e. **45** **SIN**   (Ond cofiwch fod rhai cyfrifianellau yn ei wneud yn y drefn gywir)

\* **I DDARGANFOD ONGL – DEFNYDDIWCH Y GWRTHDRO.** (Gweler gyferbyn $\rightarrow$).

\* **DEFNYDDIWCH DDIAGRAM BOB AMSER** – lluniwch ddiagram eich hunan os bydd angen.

\* Dim ond gyda **THRIONGLAU ONGL SGWÂR** y gallwch ddefnyddio SIN, COS a TAN – efallai y bydd yn rhaid i chi ychwanegu llinellau at y diagram i ffurfio triongl ongl sgwâr – yn arbennig at drionglau **ISOSGELES**.

## Y Prawf Hollbwysig

DYSGWCH **7 Cam y Dull** a'r ....

... 7 Manylyn Pwysig. Yna cuddiwch y tudalen ac ysgrifennwch y rhain oddi ar eich cof.

# Trigonometreg – SIN, COS, TAN

**ENGHRAIFFT 1)  Darganfyddwch $x$ yn y triongl a ddangosir.**

1)  Labelwch C, A, H

2)  Y ddwy ochr **dan sylw** yw: C, H

3)  Felly defnyddiwch

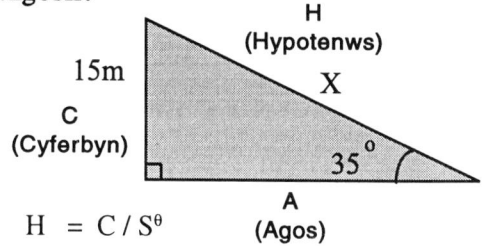

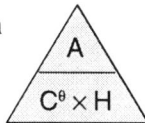

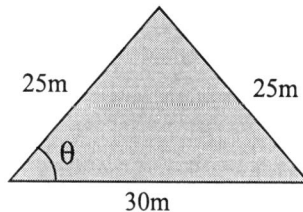

$$\frac{C}{S^\theta \times H}$$

4)  Mae angen H,  felly rhowch eich bys ar H a chael:  H = C / S$^\theta$

5)  Rhowch rifau:   $x = 15 / \sin 35$

   Pwyswch (15) (÷) (35) (SIN) (=)  (26.151702)   Felly, yr ateb = **26.2m**

6)  A yw'r ateb yn synhwyrol?  Ydyw, mae tua dwywaith 15, fel yr awgryma'r diagram.

H (Hypotenws)

15m

X

C (Cyferbyn)

35°

A (Agos)

**ENGHRAIFFT 2)  Darganfyddwch $\theta$ yn y triongl hwn:**

1)  Labelwch C, A, H

2)  Y ddwy ochr **dan sylw** yw: A, H

3)  Felly defnyddiwch

$$\frac{A}{C^\theta \times H}$$

4)  Mae angen $\theta$, felly rhowch eich bys ar C$^\theta$ a chael:  C$^\theta$ = A / H

5)  Rhowch rifau:   $\cos\theta = 15 / 25 = 0.6$

**NAWR DEFNYDDIWCH WRTHDRO:**      $\theta = \text{INV COS } (0.6)$

   Pwyswch (0.6) (INV) (COS) =  (53.130102)   Felly, yr ateb = **53.1°**

6)  A yw'r ateb yn synhwyrol?  Ydyw, mae'r ongl yn edrych tua 50°.

25m      25m

$\theta$

30m

Y ffordd arferol o ymwneud â **THRIONGL ISOSGELES** yw ei hollti i lawr ei ganol i gael **ONGL SGWÂR**:

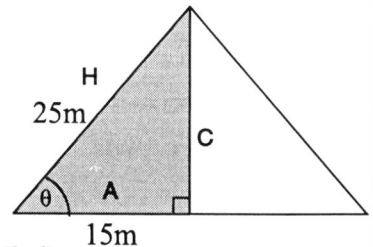

H

25m

C

$\theta$   A

15m

## Onglau Codi a Gostwng

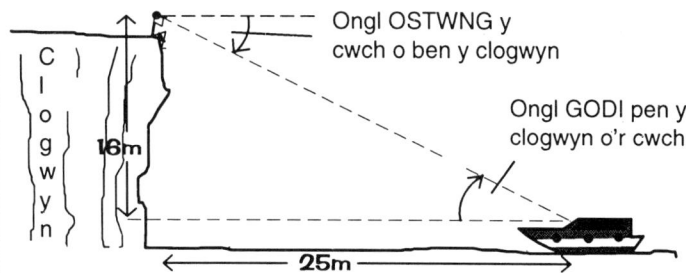

C
l
o
g
w
y
n

16m

25m

Ongl OSTWNG y cwch o ben y clogwyn

Ongl GODI pen y clogwyn o'r cwch

1)  Yr **ONGL OSTWNG** yw'r ongl TUAG I LAWR o'r llorwedd.

2)  Yr **ONGL GODI** yw'r ongl TUAG I FYNY o'r llorwedd.

3)  Mae'r Ongl Godi yn **HAFAL** i'r Ongl Ostwng.

## Y Prawf Hollbwysig

Rhaid i chi ymarfer y ddau gwestiwn hyn nes byddwch yn gallu defnyddio'r dull yn rhwydd **heb gymorth y nodiadau.**

1)  Darganfyddwch $x$

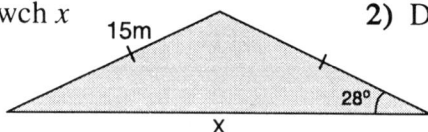

15m

28°

x

2)  Darganfyddwch $\theta$

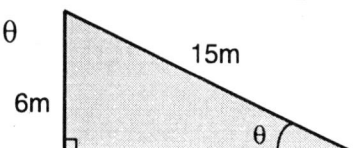

15m

6m

$\theta$

3)  Cyfrifwch yr onglau codi a gostwng yn y llun uchod o'r cwch.

# Locysau a Lluniadau

**LOCWS** yw

LLINELL sy'n dangos yr **holl bwyntiau sy'n bodloni rheol a roddir**

Rhaid i chi ddysgu **sut i'w llunio'n GYWIR gan ddefnyddio PREN MESUR a CHWMPAS**:

**1)** Locws pwyntiau sydd ar "**bellter penodol o BWYNT penodol**"

CYLCH yw'r locws hwn

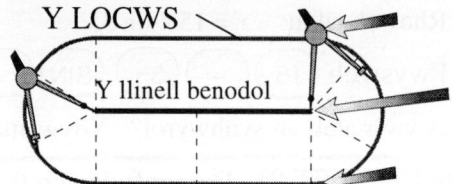

**2)** Locws pwyntiau sydd ar "**bellter penodol o LINELL benodol**"

Y LOCWS

Y llinell benodol

DAU BEN HANNER CYLCH wedi'u llunio â CHWMPAS

**3)** Locws pwyntiau sydd "**Yr un pellter o ddwy LINELL benodol**"

1) Peidiwch â newid ongl y cwmpas wrth wneud y pedwar marc

2) Gofalwch bob amser fod marciau'r cwmpas yn glir

3) Rydych yn cael dwy ongl hafal – h.y. mae'r LOCWS yn HANERU'R ONGL

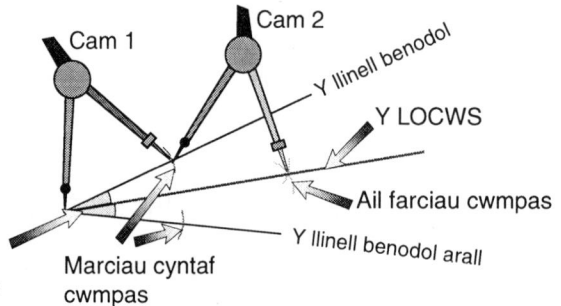

Cam 1
Cam 2
Y llinell benodol
Y LOCWS
Ail farciau cwmpas
Y llinell benodol arall
Marciau cyntaf cwmpas

**4)** Locws pwyntiau sydd "**Yr un pellter o ddau BWYNT penodol**"

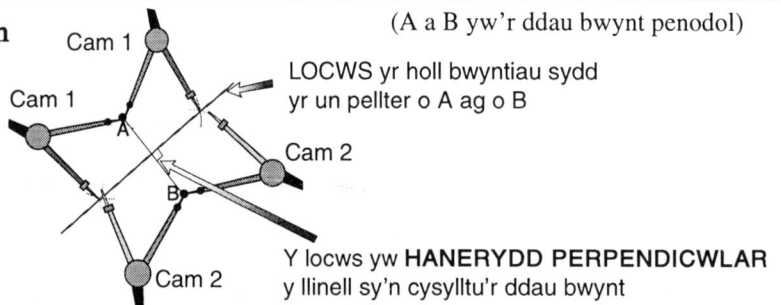

(A a B yw'r ddau bwynt penodol)

Cam 1
Cam 2
A
B
LOCWS yr holl bwyntiau sydd yr un pellter o A ag o B

Y locws yw **HANERYDD PERPENDICWLAR** y llinell sy'n cysylltu'r ddau bwynt

## Llunio onglau 60° a 90° manwl gywir

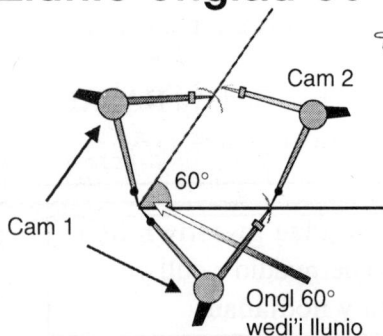

☞ Gallwch gael cwestiwn yn yr arholiad yn gofyn i chi lunio ongl 60° yn fanwl gywir (e.e. ar gyfer triongl hafalochrog),

neu lunio perpendicwlar ☞ sy'n cyfarfod â llinell ar bwynt penodol. Felly, dysgwch sut i lunio'r rhain.

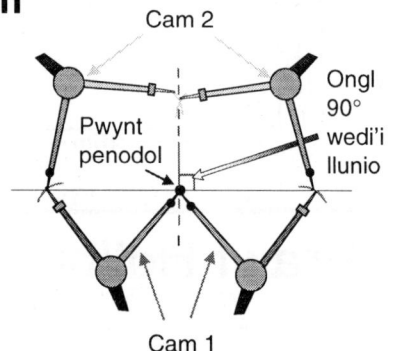

Cam 1
Cam 2
60°
Ongl 60° wedi'i llunio

Cam 2
Pwynt penodol
Ongl 90° wedi'i llunio
Cam 1

## Y Prawf Hollbwysig  | DYSGWCH BOPETH AR Y TUDALEN HWN

Cuddiwch y tudalen a thynnwch lun pob un o'r pedwar locws. Yna lluniwch driongl hafalochrog a sgwâr, gan ofalu bod onglau 60° a 90° y naill a'r llall yn hollol gywir.

# Trionglau Fformwla

Efallai y byddwch wedi gweld y rhain mewn ffiseg yn barod. Maent yn **ffordd dda iawn** o ddatrys problemau mathemategol eithaf cymhleth. Felly, gwnewch yn siŵr eich bod yn gwybod sut i'w defnyddio. Maent yn **hawdd iawn i'w defnyddio** ac yn **hawdd iawn i'w cofio**.

Os oes 3 pheth yn cael eu cysylltu â'i gilydd trwy fformwla sy'n edrych fel hyn

$$A = B \times C$$

neu fel hyn

$$B = \frac{A}{C}$$

**yna gallwch eu gosod mewn TRIONGL FFORMWLA fel hyn**:

## 1) Yn gyntaf penderfynwch ar leoliad y llythrennau:

1) Os oes **DWY LYTHYREN YN CAEL EU LLUOSI Â'I GILYDD** yn y fformwla, yna dylent gael eu gosod **AR WAELOD** y Triongl Fformwla (ac felly rhaid i'r llythyren arall fynd ar y top).

Er enghraifft, mae'r fformwla "$F = m \times a$" yn ymddangos fel hyn yn y triongl fformwla →

2) Os oes **UN PETH YN CAEL EI RANNU Â RHYWBETH ARALL** yn y fformwla, yna mae'r hyn sydd yn **RHAN UCHAF Y RHANNU** yn mynd **AR DOP Y TRIONGL FFORMWLA** (ac felly rhaid i'r ddau arall fynd ar y gwaelod – does dim ots ym mha drefn).

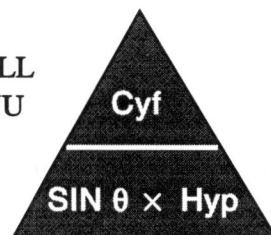

Er enghraifft, mae'r fformwla "$\text{SIN } \theta = \text{Cyf / Hyp}$" yn ymddangos fel hyn yn y triongl fformwla ↑

## 2) Defnyddio'r Triongl Fformwla:

Ar ôl deall sut mae'r triongl fformwla yn gweithio, mae'r gweddill yn hawdd:
1) **CUDDIWCH** yr hyn rydych eisiau ei ddarganfod ac **YSGRIFENNWCH** yr hyn sydd ar ôl.
2) **YSGRIFENNWCH Y GWERTHOEDD** ar gyfer y ddau beth arall a **CHYFRIFWCH YR ATEB**.

### Enghraifft:

"Gan ddefnyddio '$F = m \times a$', darganfyddwch werth 'a' pan yw $F = 20$ ac $m = 50$"

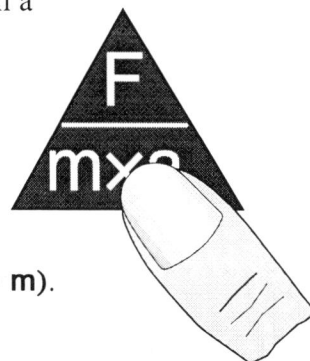

**ATEB**: Gan ddefnyddio'r triongl fformwla, mae angen darganfod 'a' ac felly rydym yn ei guddio. Bydd hyn yn gadael '$F / m$' ($F \div m$).
Felly, '$a = F / m$', ac o roi'r rhifau yn eu lle: $a = 20 / 50 = \mathbf{0.4}$

## Y Prawf Hollbwysig

**DYSGWCH Y TUDALEN I GYD**, yna cuddiwch y tudalen ac **ysgrifennwch** yr holl fanylion pwysig gan gynnwys yr enghreifftiau.

# Dwysedd a Buanedd

Efallai eich bod yn meddwl mai ffiseg yw hyn, ond mae dwysedd yn rhan o'r maes llafur mathemateg, ac rydych yn debygol iawn o'i gael yn yr arholiad. Y fformwla safonol ar gyfer dwysedd yw:

**Dwysedd = Màs ÷ Cyfaint**

felly gallwn ei roi mewn **TRIONGL FFORMWLA** fel hyn:

Mae'n **RHAID i chi gofio'r fformwla hon ar gyfer dwysedd.**

$$\frac{M}{D \times C}$$

**Enghraifft:** Darganfyddwch gyfaint gwrthrych a chanddo fàs o 40g a dwysedd o 6.4g/cm³

**ATEB:** I darganfod y cyfaint, **cuddiwch C** yn y triongl fformwla.
Mae hyn yn gadael M / D,    felly  C = M ÷ D
= 40 ÷ 6.4
= **6.25cm³**

$$\frac{M}{D \times C}$$

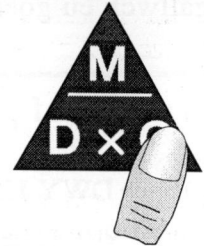

## Buanedd = Pellter ÷ Amser

Mae hyn yn rhywbeth cyffredin iawn. Mewn gwirionedd mae'n debyg ei fod yn ymddangos yn yr arholiad bob blwyddyn – ond nid ydych chi byth yn cael y fformwla! Dysgwch hi **o flaen llaw** – mae'n ffordd hawdd o **ennill marciau.** Ac i'ch helpu mae yna **DRIONGL FFORMWLA:**

$$\frac{P}{B \times A}$$

**Enghraifft:** Mae car yn teithio 90 milltir ar fuanedd o 36 milltir yr awr. Faint o amser mae'r daith yn ei gymryd?

**ATEB:** I ddarganfod yr AMSER, **cuddiwch A** yn y triongl fformwla.
Mae hyn yn gadael P / B,    felly  A = P ÷ B = Pellter ÷ Buanedd
= 90 ÷ 36
= **2.5 awr**

OS DYSGWCH Y **TRIONGL FFORMWLA**, BYDD CWESTIYNAU BUANEDD, PELLTER AC AMSER YN **HAWDD IAWN.**

$$\frac{P}{B \times}$$

## Y Prawf Hollbwysig

DYSGWCH y fformwla ar gyfer **DWYSEDD** a **BUANEDD** a hefyd y ddau **Driongl Fformwla.**

1) Beth yw'r triongl fformwla ar gyfer Dwysedd?
2) Cyfaint gwrthrych metel yw **45cm³** a'i fàs yw **743g**. Beth yw ei ddwysedd?
3) Cyfaint darn arall o'r un metel yw **36.5cm³**. Beth yw ei fàs?
4) Beth yw'r fformwla ar gyfer buanedd, pellter ac amser?
5) Darganfyddwch faint o amser mae'n ei gymryd i berson sy'n cerdded ar fuanedd o 3.2 km/a deithio 24km. Darganfyddwch hefyd pa mor bell fydd y person hwn yn cerdded mewn 3 awr 30 munud.

# Dau Awgrym Wrth Ddefnyddio Fformwlâu

Manylion fel y rhain yw'r union bethau y dylech eu gwybod – **DYSGWCH NHW NAWR!**

## 1) Unedau – Gwneud yn siŵr eu bod yn gywir

Mae **unedau** yn golygu pethau fel **cm**, **m**, **m/s**, **km²**, etc. ac fel rheol does dim rhaid i chi boeni'n ormodol amdanynt. Wrth ddefnyddio TRIONGL FFORMWLA, fodd bynnag, mae un peth arbennig y dylech ei wybod. Mae'n ddigon syml ond **mae'n rhaid i chi ei wybod**:

> Mae'r **UNEDAU gewch chi allan** o fformwla **YN DIBYNNU'N HOLLOL**
> ar yr **UNEDAU rydych yn eu rhoi i mewn**

Felly, er enghraifft, os ydych yn rhoi **pellter mewn cm** ac **amser mewn eiliadau** yn y triongl fformwla er mwyn darganfod buanedd, bydd yr ateb mewn **cm yr eiliad** (cm/s).

Ar y llaw arall, os yw'r a**mser mewn ORIAU** a'r **buanedd mewn MILLTIROEDD YR AWR** (m.y.a.) yna bydd yr ateb ar gyfer y pellter yn amlwg mewn **MILLTIROEDD**.

Mae'n eithaf syml wrth i chi feddwl am y peth. Rhaid i chi fod yn ofalus iawn, fodd bynnag, gyda chwestiynau o'r math hwn:

**Enghraifft:**  **"Mae bachgen yn cerdded 800m mewn 10 munud. Darganfyddwch ei fuanedd mewn km/a"**

**ATEB**: Os ydych yn cyfrifo "800m ÷ 10 munud" bydd yr ateb yn sicr yn fuanedd, ond bydd mewn **metrau y funud** (m/mun)

Yn lle hynny rhaid i chi **DRAWSNEWID YN km AC ORIAU** i dechrau:

800m = **0.8km**          10 mun = **0.1667 awr** (munudau ÷ 60).

Yna gallwch rannu 0.8km â 0.1667 awr i gael **4.8 km/a** sydd yn gwneud mwy o synnwyr.

## 2) Trawsnewid Amser yn Oriau, Munudau ac Eiliadau gyda [° ' ''] 

Dyma fanylyn anodd sy'n dod i'r golwg pan fyddwch yn astudio buanedd, pellter ac amser: **trawsnewid** ateb megis **2.35 AWR** yn **ORIAU a MUNUDAU**.

   **YN SICR NID YW HYN YN GOLYGU** 2 awr a 35 munud – cofiwch **NAD YW** cyfrifiannell yn gweithio mewn oriau a munudau **OS NAD YDYCH CHI'N RHOI CYFARWYDDIADAU IDDO**, fel hyn:

### 1) MEWNBYNNU amser mewn oriau, munudau ac eiliadau

E.e.   I fewnbynnu **5** awr, **34** munud a **23** eiliad, pwyswch 5 [° ' ''] 34 [° ' ''] 23 [° ' ''] .
Bydd y dangosydd yn dangos yr amser fel **5.573** awr – dyma'r **rhif cywir i'w ddefnyddio mewn fformwla gan ei fod yn DDEGOLYN. PEIDIWCH BYTH** â mewnbynnu
5 awr 34 munud fel [  5.34  ] – mae'n gamgymeriad ofnadwy!

### 2) Trawsnewid amser degol yn oriau, munudau ac eiliadau

I drawsnewid **2.35 awr** (sef yr hyn fydd eich cyfrifiannell yn ei roi i chi) yn **oriau, munudau** ac **eiliadau**, rhaid i chi bwyso 2.35 [SHIFT] [° ' ''] a byddwch yn gweld 2° 21° 0 ar y dangosydd, sy'n golygu **2 awr, 21 munud** (a 0 eiliad), sef yr union beth sydd arnoch ei angen ar gyfer yr **ateb terfynol**.

# Y Prawf Hollbwysig

> **DYSGWCH** y **ddau bwnc pwysig** sydd ar y tudalen hwn, ac yna **cuddiwch y tudalen ac ysgrifennwch** bopeth rydych wedi ei ddysgu.

1) Darganfyddwch faint o amser mae'n ei gymryd, mewn oriau, munudau ac eiliadau, i deithio 9,785m ar fuanedd o 6 km/a.

# Cymarebau

Bydd CYMAREBAU yn llawer haws ar ôl i chi ddysgu'r canlynol:

## Mae CYMHAREB yn FFRACSIWN ac yn DDEGOLYN

Gan mai ffyrdd gwahanol o fynegi'r un peth yw cymarebau, ffracsiynau a degolion, golyga hyn y byddwch yn gallu eu trawsnewid yn rhwydd (ond gyda gofal mawr fel y gwelwch).
Felly, er enghraifft:

Mae'r **GYMHAREB** 4 : 8 yn gywerth â'r **FFRACSIWN** 4/8, sef 0.5 fel **DEGOLYN** (h.y. 4 ÷ 8)

Mewn llawer o gwestiynau sy'n cynnwys cymhareb mae'n haws defnyddio'r ffracsiwn cywerth neu'r degolyn cywerth, yn hytrach na chael helyntion wrth drin y gymhareb ei hun. Cofiwch hynny!

## Canslo Cymarebau i'w ffurf symlaf

Mewn enghreifftiau syml mae dau gam ar gyfer symleiddio cymarebau:

### 1) Defnyddio'r BOTWM FFRACSIWN $a^{b}\!/_{c}$ i fewnbynnu'r GYMHAREB

Cyn gynted ag y byddwch yn derbyn fod cymhareb fel 1 : 6 yn sylfaenol yr un fath â'r ffracsiwn 1/6 yna byddwch yn barod i ddefnyddio'r botwm ffracsiwn $a^{b}\!/_{c}$ i fewnbynnu cymarebau i'r cyfrifiannell ar ffurf ffracsiynau.

Er enghraifft: I fewnbynnu'r gymhareb 4 : 8 pwyswch 4 $a^{b}\!/_{c}$ 8

### 2) Yna pwyswch $=$ a bydd yn ei ganslo YN AWTOMATIG

Os daliwn ati gyda'r enghraifft flaenorol o'r gymhareb 4 : 8, bydd pwyso $=$ yn canslo'r ffracsiwn 4/8 yn 1/2, sy'n golygu mai'r gymhareb wedi ei symleiddio yw **1 : 2**.
Gwaith reit hawdd!

## Enghreifftiau Anoddach:

**1)** Dim ond rhifau cyfan fydd y botwm $a^{b}\!/_{c}$ yn eu derbyn

Felly **OS YW'R GYMHAREB YN ANODD** (e.e. "2.4 : 3.6" neu "$1\frac{1}{4} : 3\frac{1}{2}$") yna bydd rhaid: **LLUOSI'R DDWY OCHR Â'R UN RHIF** nes bydd y ddwy yn **RHIFAU CYFAN** ac yna gallwch ddefnyddio'r botwm $a^{b}\!/_{c}$ fel o'r blaen i symleiddio pethau.

E.e. mae lluosi dwy ochr y gymhareb "$1\frac{1}{4} : 3\frac{1}{2}$" â 4 yn rhoi "5 : 14".

(Rhowch gynnig ar ddefnyddio $a^{b}\!/_{c}$ ond ni fydd yn canslo ymhellach)

**2)** Os yw'r gymhareb yn **UNEDAU CYMYSG**, yna mae'n rhaid i chi **DRAWSNEWID Y DDWY OCHR** yn **UNEDAU LLAI** gan ddefnyddio'r **FFACTOR TRAWSNEWID** perthnasol (gweler t. 10), ac yna ewch yn eich blaen fel arfer.

E.e. "24mm : 7.2cm" (Lluosi 7.2 â 10) ⇒ 24mm : 72mm = **1 : 3** (gan ddefnyddio $a^{b}\!/_{c}$ )

**3)** Mynegi cymhareb yn y ffurf 1 : $n$ (Gall $n$ fod yn unrhyw rif)

**RHANNWCH Y DDWY OCHR Â'R OCHR LEIAF**.

E.e. **"3 : 56"** – mae rhannu'r ddwy ochr â 3 yn rhoi: 1 : 18.7 (56 ÷ 3) (h.y. 1 : $n$)

Yn aml y ffurf 1 : $n$ yw'r fwyaf defnyddiol, gan ei bod yn dangos y gymhareb yn glir iawn.

# Cymarebau

## Defnyddio'r Triongl Fformwla mewn Cwestiynau Cymarebau

"Mae morter yn cynnwys tywod a sment yn y gymhareb 7 : 2.
Os defnyddir 9 bwcedaid o dywod, faint o sment sydd ei angen?"

Mae hwn yn fath cyffredin o gwestiwn arholiad ac mae'n eithaf anodd i'r rhan fwyaf o ddisgyblion – ond unwaith y byddwch yn defnyddio'r dull triongl fformwla, daw pethau yn hawdd.

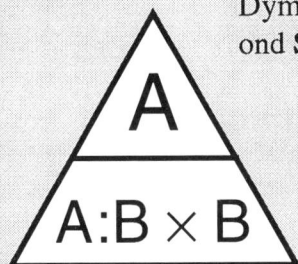

Dyma'r **TRIONGL FFORMWLA** sylfaenol ar gyfer **CYMAREBAU**, ond **SYLWCH**:

1) **BOD RHAID I'R GYMHAREB FOD WEDI'I GOSOD YN Y DREFN GYWIR**, gyda'r **RHIF CYNTAF YN Y GYMHAREB** yn cyfeirio at yr hyn sydd **AR BEN** y triongl.

2) Bydd rhaid i chi **DRAWSNEWID Y GYMHAREB** bob amser yn **FFRACSIWN CYWERTH** neu'r Degolyn Cywerth i ddarganfod yr ateb.

Bydd y triongl fformwla ar gyfer cwestiwn y morter fel a ganlyn, a'r dull yw newid y **GYMHAREB** 7 : 2 yn **FFRACSIWN CYWERTH**: 7/2, neu 3.5 fel degolyn (7 ÷ 2)

Felly, **mae cuddio sment yn y triongl** yn rhoi "sment = tywod / (7:2)"
h.y. "9 / 3.5" = 9 ÷ 3.5 = 2.57 neu tua $2\frac{1}{2}$ **bwcedaid o sment**

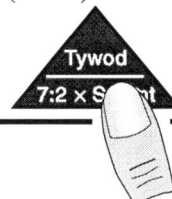

## Rhannu Cyfrannol

Mewn **cwestiwn rhannu cyfrannol** mae angen rhannu CYFANSWM yn ôl cymhareb benodol.

Er enghraifft: "**Rhannwch £9100 yn y gymhareb 2 : 4 : 7. Darganfyddwch y tri swm**"

Y gair allweddol yma yw **RHANNAU** – canolbwyntiwch ar "rannau" a bydd popeth yn rhwydd:

### Dull

1) **ADIWCH Y RHANNAU:**
   Mae'r gymhareb 2 : 4 : 7 yn golygu y bydd cyfanswm o 13 **rhan** h.y. 2 + 4 + 7 = **13 RHAN**
2) **DARGANFYDDWCH Y SWM AR GYFER UN "RHAN"**
   Rhannwch y **cyfanswm** â nifer y rhannau: £9100 ÷ 13 = **£700** (= 1 RHAN)
3) **DARGANFYDDWCH Y TRI SWM:**
   2 ran = 2 × 700 = **£1400**, 4 rhan = 4 × 700 = **£2800**, 7 rhan = **£4900**

## Y Prawf Hollbwysig

DYSGWCH y **6 RHEOL** ar gyfer SYMLEIDDIO, y **TRIONGL FFORMWLA** ar gyfer Cymarebau (yn ogystal â'r 2 bwynt) a'r **3 Cham ar gyfer RHANNU CYFRANNOL**

**Cuddiwch y tudalen** ac **ysgrifennwch yr hyn rydych wedi ei ddysgu**. Rhowch gynnig arall arni **nes byddwch yn llwyddo.**

1) Symleiddiwch: **a)** 25 : 35 **b)** 3.4 : 5.1 **c)** $2\frac{1}{4}$ : $3\frac{3}{4}$
2) Mae uwd a hufen iâ yn cael eu cymysgu yn ôl y gymhareb 7 : 4. Faint o uwd ddylai gael ei roi gyda 10 powlennaid o hufen iâ? **3)** Rhannwch £8400 yn ôl y gymhareb 5 : 3 : 4.

# Crynodeb Adolygu Adran 3

Efallai fod y cwestiynau hyn yn ymddangos yn anodd, **ond dyma'r math gorau o adolygu allwch chi ei wneud**. Holl bwrpas adolygu yw **darganfod y pethau nad ydych yn eu gwybod** ac yna eu dysgu **nes byddwch yn eu gwybod**. Mae'r cwestiynau anodd hyn yn dangos faint rydych chi'n ei wybod. Maent yn dilyn trefn y tudalennau yn Adran 3, felly mae'n ddigon hawdd i chi wirio unrhyw beth nad ydych yn ei wybod.

**Daliwch ati i ddysgu'r ffeithiau sylfaenol hyn nes byddwch yn eu gwybod.**

1) Beth yw'r fformwla ar gyfer Theorem Pythagoras?

2) Nodwch 3 cham y dull hawdd o ddefnyddio Theorem Pythagoras.

3) Rhestrwch dair ffaith bwysig ynglŷn â chyfeiriannau.

4) Nodwch y tri Gair Allweddol a ddefnyddir i ddarganfod neu blotio cyfeiriant.

5) Beth yw fector? Rhowch y 4 prif enghraifft.

6) Nodwch y 4 math o nodiant fector. Rhowch enghreifftiau.

7) Beth yw trigonometreg? Rhowch enghraifft o gwestiwn trigonometrig.

8) Rhestrwch y saith cam ar gyfer trigonometreg.

9) Sut mae penderfynu pa ochrau yw'r ochrau agos, cyferbyn a'r hypotenws?

10) Beth yw'r 'ymadroddion' arbennig i'w cofio ar gyfer trigonometreg?

11) Nodwch y 3 thriongl fformwla.

12) Sut fyddech chi'n mewnbynnu SIN 45° i'r cyfrifiannell?

13) Pa fotwm ddylech chi ei bwyso i ddarganfod onglau?

14) Beth yw θ? Pa fath o siâp sydd ei angen ar gyfer trigonometreg?

15) Lluniwch ddiagram i ddangos onglau codi a gostwng.

16) Beth yw locws? Rhowch ddisgrifiad manwl o'r pedwar math y dylech wybod amdanynt. Hefyd lluniwch ongl 60° ac ongl 90° gan ddefnyddio'r dulliau priodol.

17) Pa ddau fath o fformwla y gellir eu gosod mewn triongl fformwla?

18) Rhowch y 2 reol y dylid eu defnyddio wrth wneud hynny.

19) Enwch y 2 gam wrth ddefnyddio triongl fformwla.

20) Rhowch y triongl formwla ar gyfer dwysedd.

21) Pa un yw'r ffordd hawsaf o ddelio â chwestiynau buanedd, pellter ac amser?

22) Beth fedrwch chi ei ddweud am yr unedau a gewch o fformwla?

23) Pa fotwm ar y cyfrifiannell sy'n trawsnewid rhwng "amser degol" ac "oriau, munudau ac eiliadau"?

24) Beth yn union sydd raid ei bwyso i fewnbynnu amser mewn oriau, munudau ac eiliadau?

25) Sut mae trawsnewid hyn yn amser degol?

26) Sut mae trawsnewid i'r cyfeiriad arall?

27) Beth yw pwrpas eu trawsnewid beth bynnag?

28) I ba ddau beth y gellir trawsnewid cymarebau?

29) Pa fotwm ar y cyfrifiannell allwch chi ei ddefnyddio wedyn i symleiddio cymarebau?

30) Beth yw'r triongl fformwla ar gyfer cymarebau?

31) Rhowch y 2 reol ar gyfer defnyddio'r Triongl Fformwla hwn ar gyfer Cymarebau.

32) Nodwch 3 cham y dull ar gyfer rhannu cyfrannol.

## Tebygolrwydd

Mae hwn yn swnio'n faes anodd a chymhleth ond nid yw mor ddrwg â hynny.

**DYSGWCH Y FFEITHIAU SYLFAENOL** sydd ar y 3 thudalen hyn ac ni ddylech gael anhawster i ateb cwestiynau ar debygolrwydd.

## Mae pob tebygolrwydd rhwng 0 ac 1

Mae tebygolrwydd o **SERO** yn golygu **NA FYDD BYTH YN DIGWYDD**.
Mae tebygolrwydd o **UN** yn golygu y **BYDD YN SICR O DDIGWYDD**.

**Fedrwch chi ddim cael tebygolrwydd sy'n fwy nag 1.**

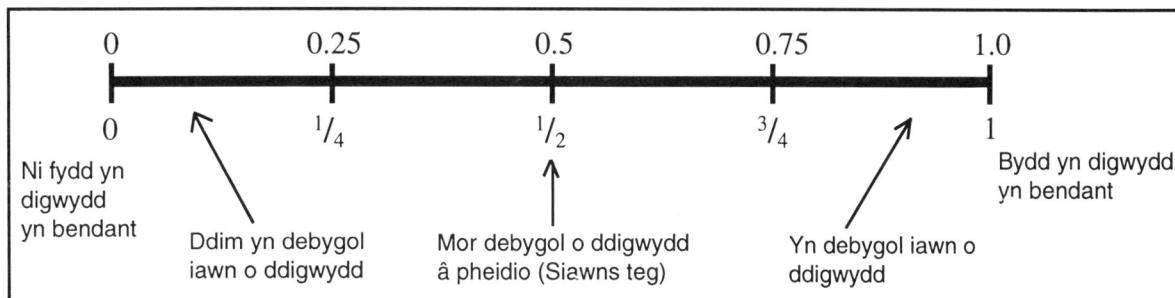

Dylech allu rhoi'r tebygolrwydd y bydd unrhyw ddigwyddiad yn digwydd ar y raddfa hon o 0 i 1.

## Tri Manylyn Pwysig

1) **DYLAI TEBYGOLRWYDD GAEL EI FYNEGI** naill ai fel
   **FFRACSIWN** ($^1/_4$), neu fel **DEGOLYN (0.25)**

2) **Y NODIANT:** $P(X) = ^1/_2$. **DYLAI HWN GAEL EI DDARLLEN FEL**
   "**Y tebygolrwydd y bydd digwyddiad X yn digwydd yw $^1/_2$**"

3) **MAE TEBYGOLRWYDDAU BOB AMSER YN ADIO I WNEUD 1. Mae hyn yn**
   hanfodol ar gyfer darganfod beth yw tebygolrwydd y *digwyddiadau eraill*.
   e.e. Os yw     $P(\text{llwyddo}) = ^1/_4$,  yna $P(\text{methu}) = ^3/_4$

## TRI MANYLYN YCHWANEGOL ar gyfer cyfuniad o ddigwyddiadau:

1) **DEFNYDDIWCH Y BOTWM FFRACSIWN** $\boxed{a^b/_c}$ **AR EICH CYFRIFIANNELL**
   ar gyfer lluosi neu adio ffracsiynau, os oes caniatâd i wneud hynny.

2) Byddwch yn ofalus gyda'r geiriau "**GAN DDYCHWELYD**" a "**HEB DDYCHWELYD**" a gofalwch eich bod yn gwybod pa wahaniaeth fydd hyn yn ei wneud.
   (Naill ai rydych yn dychwelyd y peth ar ôl y cynnig cyntaf cyn rhoi ail gynnig neu rydych yn peidio â'i ddychwelyd – mae'r ail ddiagram coeden sydd ar y tudalen nesaf yn dangos beth all ddigwydd.)

3) Mae **TEBYGOLRWYDD CYFUNOL** y bydd dau ddigwyddiad ILL DAU yn digwydd BOB AMSER YN LLAI na'r tebygolrwydd y bydd unrhyw un ohonynt yn digwydd ar ei ben ei hun.

## Y Prawf Hollbwysig

**DYSGWCH** y diagram a'r **6 PHWYNT PWYSIG** sydd ar y tudalen hwn. Yna **cuddiwch** y tudalen ac **ysgrifennwch y cyfan**.

1) Os yw P(Dewis pêl las) yn $^1/_4$, beth yw gwerth P(Peidio dewis pêl las)?

# Tebygolrwydd

## Tebygolrwydd Cyfunol – dau neu fwy o ddigwyddiadau

Dyma lle mae'r rhan fwyaf yn mynd i drafferthion. Y rheswm dros hyn yw nad ydynt yn gwybod y tair rheol syml hyn:

### Tair Rheol Syml:

1) **Rhannwch** bob cwestiwn ar debygolrwydd sy'n ymddangos yn gymhleth **YN DDILYNIANT O DDIGWYDDIADAU SYML AR WAHÂN.**

2) **Darganfyddwch debygolrwydd** pob un o'r **DIGWYDDIADAU UNIGOL AR WAHÂN.**

3) **Defnyddiwch y rheol AC / NEU:**

### 1)  Y Rheol AC:

$$P(A \text{ ac } B) = P(A) \times P(B)$$

Sef:

Mae'r tebygolrwydd y bydd **Digwyddiad A AC** Digwyddiad B  ill dau yn digwydd yn hafal i'r ddau debygolrwydd unigol wedi eu **LLUOSI** â'i gilydd.

(A bod yn fanwl, rhaid i'r ddau ddigwyddiad fod yn **ANNIBYNNOL**, sy'n golygu nad yw'r ffaith fod un digwyddiad yn digwydd yn rhwystro'r digwyddiad arall rhag digwydd. Cymharwch hyn â'r digwyddiadau **cyd-anghynhwysol** isod.)

### 2)  Y Rheol NEU:

$$P(A \text{ neu } B) = P(A) + P(B)$$

Sef:

Mae'r tebygolrwydd y bydd **Naill ai**  **Digwyddiad A NEU** Digwyddiad B  yn digwydd yn hafal i'r ddau debygolrwydd unigol wedi eu **HADIO at ei gilydd.**

(A bod yn fanwl, rhaid i'r ddau ddigwyddiad fod yn **GYD-ANGHYNHWYSOL**, sy'n golygu os yw un digwyddiad yn digwydd, **ni all** y digwyddiad arall ddigwydd. Mae hyn fwy neu lai yn groes i ddigwyddiadau **annibynnol** (gweler uchod)).

Y ffordd o gofio hyn yw cofio ei fod **o chwith** – h.y. byddai rhywun yn disgwyl i'r AC fynd gyda + ond nid yw hyn yn digwydd: Mae "**AC yn mynd gyda ×**" a "**NEU yn mynd gyda +**".

## Enghraifft
"Darganfyddwch y tebygolrwydd o ddewis dau frenin o becyn o gardiau chwarae."

**ATEB:**

1) **RHANNWCH** hyn yn **DDAU DDIGWYDDIAD AR WAHÂN**
       – h.y. dewis y **brenin cyntaf** ac yna **dewis yr ail frenin**.

2) **Darganfyddwch debygolrwydd** y ddau ddigwyddiad ar wahân:
       P(brenin cyntaf) = $^4/_{52}$      P(yr ail frenin) = $^3/_{51}$     (– sylwch ar y newid o 52 i 51)

3) **Defnyddiwch y Rheol AC/NEU:**   Rhaid i'r **DDAU** ddigwyddiad ddigwydd, felly defnyddiwch y **Rheol AC:**
       Felly lluoswch y ddau debygolrwydd: $^4/_{52} \times {}^3/_{51} = {}^1/_{221}$

## Y Prawf Hollbwysig

DYSGWCH y **Tair Rheol Syml** ar gyfer digwyddiadau cyfansawdd, a'r **Rheol AC/NEU.**

1) Cuddiwch y tudalen ac ysgrifennwch y rheolau hyn **oddi ar eich cof.** Yna defnyddiwch nhw:

2) Beth yw'r tebygolrwydd o ddewis 2 Frenhines ac yna Âs y spadiau o becyn o gardiau chwarae.

# Tebygolrwydd – Diagramau Coeden

## Diagram Coeden Cyffredinol

Mae Diagramau Coeden i gyd yn eithaf tebyg i'w gilydd, felly mae'n syniad da dysgu'r manylion sylfaenol hyn (sy'n gymwys ar gyfer **POB** diagram coeden).

Lluosi ar hyd y canghennau    i gael y Canlyniad Terfynol

Dewis 1    $\frac{2}{3} \times \frac{1}{5} = \frac{2}{15}$

$\frac{1}{5}$    Dewis 2

$\frac{2}{3}$    DEWIS 1    Dewis 3

DEWISIADAU

$\frac{1}{6}$    DEWIS 2    Dewis 1 / Dewis 2 / Dewis 3

Adiwch y CANLYNIADAU TERFYNOL

$\frac{1}{6}$    DEWIS 3    Dewis 1 / Dewis 2 / Dewis 3

Adio i 1

Cynnig 1af    2ail gynnig

DILYNIANT Y DIGWYDDIADAU

Cyfanswm = 1

Dylai Cyfanswm y Canlyniadau Terfynol **fod yn 1 bob amser**.

1) **LLUOSWCH AR HYD Y CANGHENNAU** bob amser (fel y dangosir) i gael y **CANLYNIADAU TERFYNOL**

2) **Ar unrhyw set o ganghennau sy'n cyfarfod ar bwynt**, dylai'r rhifau bob amser **ADIO i 1**.

3) Gwiriwch fod eich diagram yn gywir drwy sicrhau bod y Canlyniadau Terfynol yn ADIO i 1.

4) I ateb unrhyw gwestiwn, **ADIWCH BOB CANLYNIAD TERFYNOL PERTHNASOL** (gweler isod).

## Cwestiwn ar Ddiagram Coeden

**ENGHRAIFFT** "Mae bocs yn cynnwys 5 o ddisgiau coch a 3 o ddisgiau gwyrdd. Mae dau ddisg yn cael eu tynnu allan ond **heb eu dychwelyd**. Lluniwch ddiagram coeden a'i ddefnyddio i ddarganfod tebygolrwydd tynnu dau ddisg o'r un lliw."

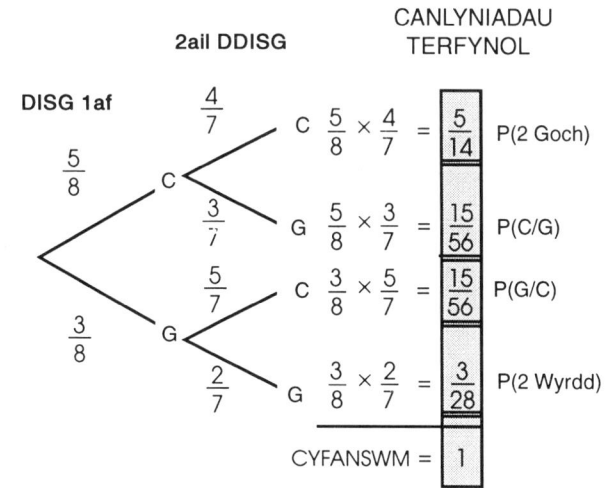

2ail DDISG    CANLYNIADAU TERFYNOL

DISG 1af

$\frac{4}{7}$    C    $\frac{5}{8} \times \frac{4}{7} = \frac{5}{14}$    P(2 Goch)

$\frac{5}{8}$    C

$\frac{3}{7}$    G    $\frac{5}{8} \times \frac{3}{7} = \frac{15}{56}$    P(C/G)

$\frac{5}{7}$    C    $\frac{3}{8} \times \frac{5}{7} = \frac{15}{56}$    P(G/C)

$\frac{3}{8}$    G

$\frac{2}{7}$    G    $\frac{3}{8} \times \frac{2}{7} = \frac{3}{28}$    P(2 Wyrdd)

CYFANSWM = 1

Ar ôl llunio'r diagram coeden, y cwbl sydd raid i chi ei wneud wedyn i gael ateb yw dewis y **CANLYNIADAU TERFYNOL PERTHNASOL** ac yna eu **HADIO**:

| 2 GOCH | (5/14) |
| 2 WYRDD | (3/28) |

$$\frac{5}{14} + \frac{3}{28} = \frac{13}{28}$$

Defnyddiwch gyfrifiannell os oes un ar gael!

## Y Prawf Hollbwysig

DYSGWCH y **DIAGRAM CYFFREDINOL ar gyfer Diagramau Coeden** a'r **4 pwynt** sy'n cyd-fynd â nhw.

1) Gadewch i ni weld faint rydych chi wedi ei ddysgu: **CUDDIWCH Y TUDALEN AC YSGRIFENNWCH BOPETH A WYDDOCH AM DDIAGRAMAU COEDEN**.

2) Mae bag yn cynnwys 6 tharantwla coch a 4 tarantwla du. Os yw dwy ferch yn tynnu un tarantwla yr un allan o'r bag ar hap, lluniwch ddiagram coeden i ddarganfod y tebygolrwydd eu bod yn cael rhai o wahanol liw.

# Graffiau a Siartiau

## 1) Graffiau Llinell neu "Bolygonau Amledd"

Nid yw **graff llinell** neu **bolygon amledd** yn ddim mwy na set o bwyntiau sydd wedi'u cysylltu gan linellau syth.

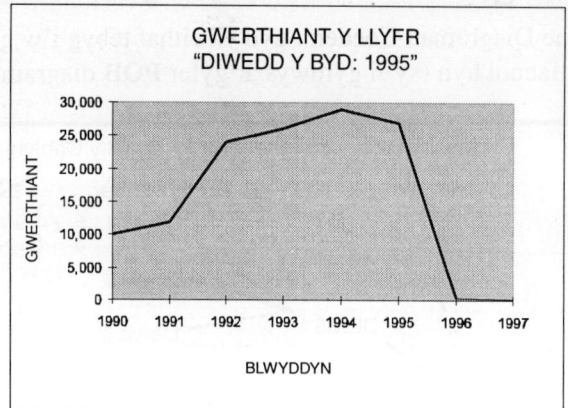

**GWERTHIANT Y LLYFR "DIWEDD Y BYD: 1995"**

GWERTHIANT — BLWYDDYN

## 2) Siartiau Bar

Byddwch yn ofalus pryd y dylai'r barrau gyffwrdd neu beidio â chyffwrdd:

Nifer y malwod sych a gafwyd (hydoedd amrywiol)

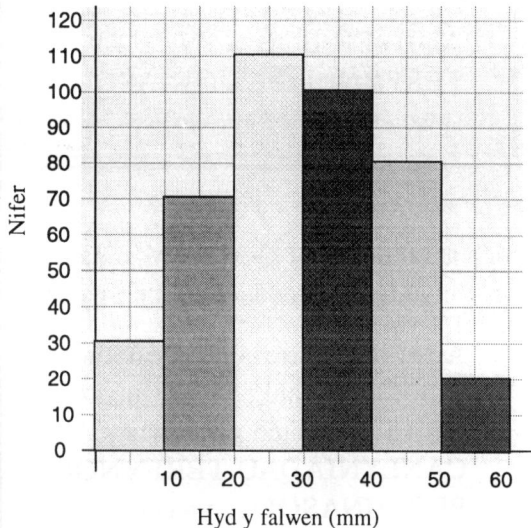

Nifer — Hyd y falwen (mm)

Dewisiadau Poblogaidd yn Ffreutur yr Ysgol

Amledd

Cŵn Poeth, Byrgyrs, Spam ac Wy, Blodfresych Caws, Cawl Hwyaden

**Dewisiadau ar gyfer y prif gwrs**

Mae'r siart bar hwn yn cymharu **eitemau hollol wahanol** felly mae'r barrau **ar wahân**.

Mae **POB** bar yn y siart hwn ar gyfer **HYDOEDD** ac mae'n rhaid i chi **roi pob hyd posibl o fewn un bar neu'r nesaf.** Gwnewch yn siŵr nad oes gofod rhwng y barrau.

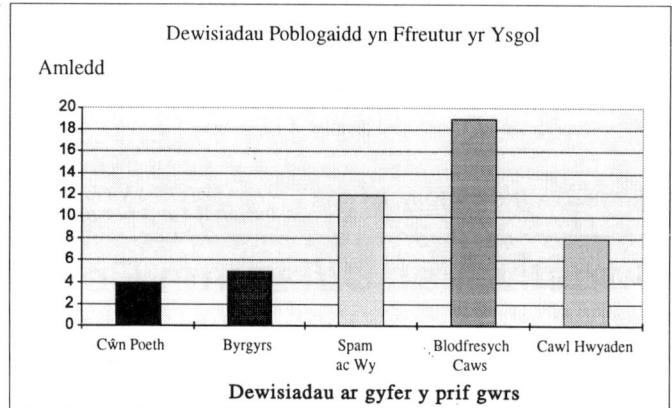

Mae **GRAFF BAR LLINELL** yn debyg i siart bar, ond rydych yn llunio llinellau tenau yn hytrach na barrau.

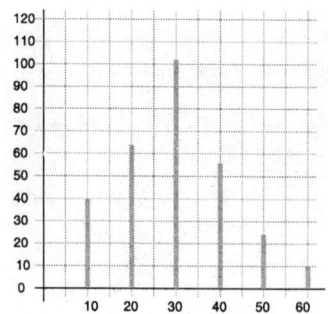

## 3) Graffiau Gwasgariad

1) **GRAFF GWASGARIAD** yw llawer o bwyntiau ar graff sy'n **edrych fel blerwch** yn hytrach na llinell neu gromlin.
2) Mae gair i'w gael sy'n disgrifio **maint y blerwch** mae'r pwyntiau yn ei arddangos, sef **CYDBERTHYNIAD.**
3) Mae **Cydberthyniad Da** (neu Gydberthyniad *Cryf*) yn golygu bod y pwyntiau yn tueddu i fod ar **linell**, ac mae hynny'n golygu bod y **ddau beth yn perthyn yn agos i'w gilydd.**

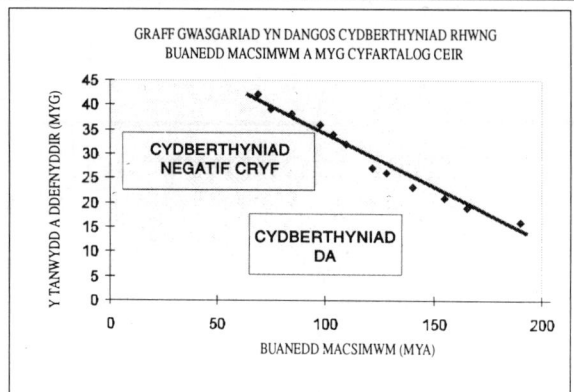

GRAFF GWASGARIAD YN DANGOS CYDBERTHYNIAD RHWNG BUANEDD MACSIMWM A MYG CYFARTALOG CEIR

Y TANWYDD A DDEFNYDDIR (MYG) — BUANEDD MACSIMWM (MYA)

CYDBERTHYNIAD NEGATIF CRYF

CYDBERTHYNIAD DA

# Graffiau a Siartiau

## Graffiau Gwasgariad (parhad)

4) **Mae Cydberthyniad Gwael** (neu Gydberthyniad *Gwan*) yn golygu bod y pwyntiau **dros y lle i gyd** ac felly **ychydig iawn o berthynas sydd rhwng y ddau beth**.

5) Os yw'r pwyntiau'n ffurfio llinell sy'n goleddu **I FYNY** o'r chwith i'r dde, yna mae **CYDBERTHYNIAD POSITIF**, sy'n golygu bod **y ddau beth yn cynyddu neu yn lleihau gyda'i gilydd**.

6) Os yw'r pwyntiau'n ffurfio llinell sy'n goleddu **I LAWR** o'r chwith i'r dde, yna mae **CYDBERTHYNIAD NEGATIF**, sy'n golygu bod **un peth yn cynyddu wrth i'r llall leihau**.

7) Felly, pan ydych yn disgrifio graff gwasgariad, mae'n rhaid i chi nodi'r ddau beth, h.y. a yw'n gydberthyniad **cryf/gwan/canolig** ac a yw'n **bositif/negatif**.

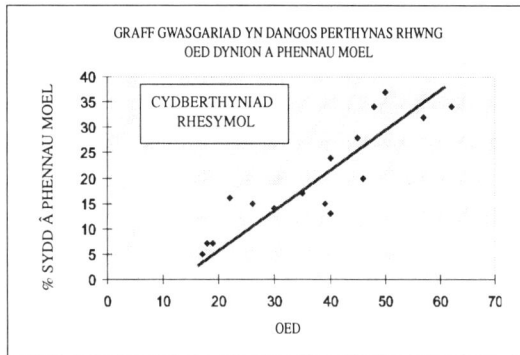

GRAFF GWASGARIAD YN DANGOS PERTHYNAS RHWNG OED DYNION A PHENNAU MOEL — CYDBERTHYNIAD RHESYMOL — % SYDD Â PHENNAU MOEL / OED

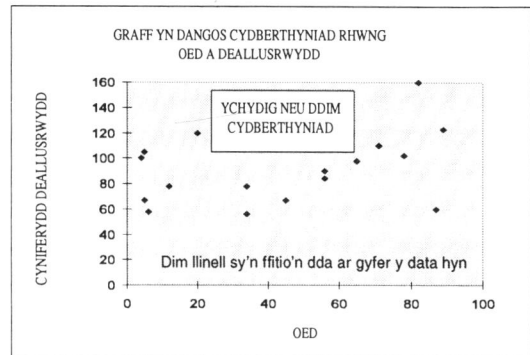

GRAFF YN DANGOS CYDBERTHYNIAD RHWNG OED A DEALLUSRWYDD — YCHYDIG NEU DDIM CYDBERTHYNIAD — Dim llinell sy'n ffitio'n dda ar gyfer y data hyn — CYNIFERYDD DEALLUSRWYDD / OED

## 4) Siartiau Cylch

Dysgwch y **Rheol Aur** ar gyfer Siartiau Cylch:

$$\text{CYFANSWM Popeth} = 360°$$

| Creadur | Pryf Pric | Bochdew | Mochyn Cwta | Cwningen | Hwyaden | Cyfanswm |
|---------|-----------|---------|-------------|----------|---------|----------|
| Nifer | 12 | 20 | 17 | 15 | 26 | 90 |
| Ongl | | 80° | | | | 360° |

×4 ... ×4

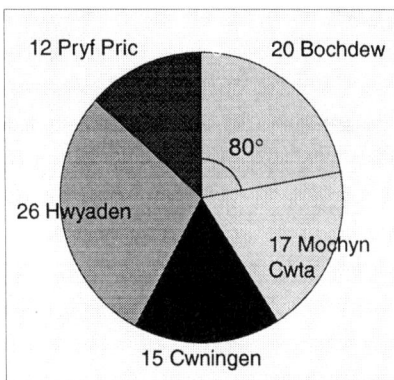

12 Pryf Pric — 20 Bochdew — 80° — 26 Hwyaden — 17 Mochyn Cwta — 15 Cwningen

1) Adiwch y niferoedd sydd ym mhob sector i gael y **CYFANSWM** ( ← 90 yma)

2) Yna chwiliwch am y **LLUOSYDD** (neu'r rhannydd) y byddech ei angen **i newid eich cyfanswm yn 360°**. Ar gyfer 90 → 360 fel uchod, y **LLUOSYDD** yw 4

3) Nawr **LLUOSWCH BOB RHIF Â 4** i gael ongl pob sector E.e. yr ongl ar gyfer y Bochdew fydd 20 × 4 = **80°**

## Y Prawf Hollbwysig

DYSGWCH ENWAU'R 4 math o siart.

1) Cuddiwch y tudalen a lluniwch enghraifft o bob un o'r 4 siart.
2) Cyfrifwch yr onglau ar gyfer yr anifeiliaid eraill sydd yn y siart cylch uchod.
3) Os yw pwyntiau graff gwasgariad dros y lle i gyd, beth allwch chi ei ddweud am y ddau beth mae'r graff gwasgariad yn eu cymharu?

# Cymedr, Canolrif, Modd ac Amrediad

Os na lwyddwch i **ddysgu'r 4 diffiniad sylfaenol hyn**, yna byddwch yn colli rhai o'r marciau hawsaf sydd i'w cael yn yr arholiad.

**1) MODD  =  MWYAF aml**

Modd = mwyaf (pwyslais ar y "mo" a'r "mw")

**2) CANOLRIF  =  gwerth CANOL**

Canolrif = canol (pwyslais ar y gair "canol")

**3) CYMEDR  =  CYFANSWM yr eitemau ÷ NIFER yr eitemau**

Y cymedr yw'r cyfartaledd, ond nid yw'n hawdd oherwydd rhaid ei gyfrifo!

**4) AMREDIAD = Y pellter rhwng y gwerth LLEIAF a'r gwerth MWYAF**

## Y Rheol Aur

Dylai gwybod ystyr cymedr, canolrif a modd fod yn **ffordd o gael marciau hawdd**, ond mae hyd yn oed y rhai sydd wedi gwneud ymdrech i'w dysgu yn llwyddo i golli marciau yn yr arholiad oherwydd nad ydynt yn cymryd y **cam hollbwysig hwn:**

**AILDREFNWCH y data bob amser yn ôl TREFN MAINT**

(a gwnewch yn siŵr fod gennych yr un nifer o ddata ag o'r blaen!)

## Enghraifft

Darganfyddwch gymedr, canolrif, modd ac amrediad y rhifau hyn:

2, 5, 3, 2, 6, -4, 0, 9, -3, 1, 6, 3, -2, 3        (14)

1) **YN GYNTAF** ... rhaid eu haildrefnu:   -4, -3, -2, 0, 1, 2, 2, 3, 3, 3, 5, 6, 6, 9        (✔14)

2) **CYMEDR** $= \dfrac{\text{cyfanswm}}{\text{nifer y rhifau}}$ $= \dfrac{-4\ -3\ -2 + 0 + 1 + 2 + 2 + 3 + 3 + 3 + 5 + 6 + 6 + 9}{14}$

$= 31 \div 14 =$ **2.21**

3) **CANOLRIF = y gwerth canol**     (dim ond pan fyddant **wedi eu trefnu yn ôl trefn maint**)

**(Pan fo dau RIF CANOL, mae'r canolrif HANNER FFORDD RHWNG Y DDAU RIF CANOL)**

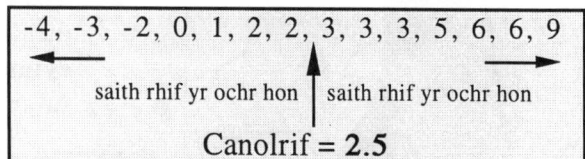

-4, -3, -2, 0, 1, 2, 2, 3, 3, 3, 5, 6, 6, 9

saith rhif yr ochr hon | saith rhif yr ochr hon

Canolrif = **2.5**

4) **MODD** = y gwerth **mwyaf** cyffredin, sef **3**.
(gallwn ddweud mai'r gwerth **moddol** yw 3)

5) **AMREDIAD** = y pellter o'r gwerth lleiaf i'r gwerth mwyaf, h.y. o -4 hyd at 9, = **13**

# Y Prawf Hollbwysig

DYSGWCH y **Pedwar Diffiniad** a'r *Rheol Aur* ...

... yna cuddiwch y tudalen ac **ysgrifennwch nhw** oddi ar eich cof.

1)  Defnyddiwch bopeth rydych wedi ei ddysgu i ddarganfod cymedr, canolrif, modd ac amrediad y set hon o ddata:  1,  3,  14,  -5,  6,  -12,  18,  7,  23,  10,  -5,  -14,  0,  25,  8

# Tablau Amledd

Gellir llunio Tablau Amledd naill ai mewn **rhesi** neu mewn **colofnau** o rifau a gallant fod yn eithaf dyrys, **ond nid os dysgwch yr wyth pwynt allweddol hyn**:

## Wyth Pwynt Allweddol

1) MAE POB TABL AMLEDD YR UN FATH

2) Mae'r gair **AMLEDD** yn golygu **NIFER**, ac felly mae tabl amledd yn dabl o'r "Nifer" sydd ym mhob grŵp

3) Mae'r **RHES** (neu'r golofn) **GYNTAF** yn rhoi **LABELI'R GRWPIAU**

4) Mae'r **AIL RES** (neu golofn) yn rhoi **DATA "GO IAWN"**

5) Mae'n rhaid i **chi GYFRIFO'R DRYDEDD RES** (neu golofn) eich hun

6) Gellir darganfod y **CYMEDR** bob amser drwy ddefnyddio:

$$\text{Cyfanswm Rhes } 3 \div \text{Cyfanswm Rhes } 2$$

7) Y **CANOLRIF** yw **GWERTH CANOL** yr **2il res** – ond byddwch yn ofalus!

8) Y gwahaniaeth rhwng gwerthoedd eithaf y rhes gyntaf yw'r **AMREDIAD**.

## Enghraifft

Dyma dabl amledd nodweddiadol wedi ei lunio ar **FFURF RHES** yn ogystal â **FFURF COLOFN**:

| Nifer y chwiorydd | Amledd |
|---|---|
| 0 | 7 |
| 1 | 15 |
| 2 | 12 |
| 3 | 8 |
| 4 | 3 |
| 5 | 1 |
| 6 | 0 |

| Nifer y chwiorydd | 0 | 1 | 2 | 3 | 4 | 5 | 6 |
|---|---|---|---|---|---|---|---|
| Amledd | 7 | 15 | 12 | 8 | 3 | 1 | 0 |

☞ **Ffurf Rhes**

☜ **Ffurf Colofn**

Nid oes gwahaniaeth rhwng y ddwy ffurf hyn a gallech gael y naill neu'r llall yn yr arholiad. Pa fath bynnag gewch chi, cofiwch y **TAIR FFAITH BWYSIG HYN**:

1) Mae'r **RHES** (neu'r golofn) **GYNTAF** yn rhoi **LABELI GRWPIAU** ar gyfer y **gwahanol gategorïau**: h.y. "dim un chwaer", "un chwaer", "dwy chwaer", etc.

2) Yr **AIL RES** (neu golofn) yw'r **DATA "GO IAWN"** ac mae'n rhoi **NIFER (y bobl) SYDD** ym mhob categori
h.y. roedd gan 7 o bobl **"ddim un chwaer"**, roedd gan 15 o bobl **"un chwaer"**, etc

3) **OND DYLECH SYLWEDDOLI NAD YW'R TABL YN GYFLAWN**, gan fod angen **TRYDEDD RES** (neu golofn) a **DAU GYFANSWM** ar gyfer yr **ail a'r drydedd res**, fel y dangosir ar y tudalen nesaf:

# Tablau Amledd Cronnus

Fel arfer cewch dabl ar ei hanner a gofynnir i chi ei gwblhau fel tabl amledd cronnus. Golyga hyn ychwanegu trydedd res a'i llenwi (fel y gwelir yn yr enghraifft isod). Gwnewch yn siŵr eich bod yn gwybod y rhain:

## PEDWAR PWYNT ALLWEDDOL

1) Mae **AMLEDD CRONNUS** yn golygu **ADIO WRTH FYND YMLAEN**. Felly mae pob cofnod sydd mewn tabl amledd cronnus yn golygu'r "**CYFANSWM HYD YMA**"

2) **Rhaid i chi YCHWANEGU TRYDEDD RES i'r tabl**
   – hon yw **CYFANSWM CYFREDOL** yr 2il res.

3) **Os byddwch yn plotio graff**, rhaid i chi blotio'r pwyntiau **gan ddefnyddio'r GWERTH UCHAF ym mhob grŵp** (rhes 1) gyda'r gwerth o **res 3**. (h.y. plotiwch ar y **ffiniau dosbarth**)   h.y. yn yr enghraifft isod, plotiwch 13 ar **160.5**,  33 ar **170.5**,  etc.

4) Caiff AMLEDD CRONNUS bob amser ei blotio **i fyny ochr** graff, nid ar draws.

### Enghraifft

"Cwblhewch y tabl isod i roi amledd cronnus:"

| Uchder (cm) | 141 – 150 | 151 – 160 | 161 – 170 | 171 – 180 | 181 – 190 | 191 – 200 | 201 – 210 |
|---|---|---|---|---|---|---|---|
| Amledd | 4 | 9 | 20 | 33 | 36 | 15 | 3 |

**ATEB**: **Ychwanegwch y drydedd res** lle bydd pob cofnod yn rhes 3 (amledd cronnus) yn golygu "**CYFANSWM Y RHIFAU AMLEDD** (sydd yn rhes 2) **HYD YMA**"

| Uchder (cm) | 141 – 150 | 151 – 160 | 161 – 170 | 171 – 180 | 181 – 190 | 191 – 200 | 201 – 210 |
|---|---|---|---|---|---|---|---|
| Amledd | 4 | 9 | 20 | 33 | 36 | 15 | 3 |
| Amledd Cronnus | 4 (yn 150.5) | 13 (yn 160.5) | 33 (yn 170.5) | 66 (yn 180.5) | 102 (yn190.5) | 117 (yn 200.5) | 120 (yn 210.5) |

Plotir y graff trwy ddefnyddio'r parau hyn: (150.5, 4)   (160.5, 13)   (170.5, 33)   (180.5, 66) etc. oherwydd bod yr amledd cronnus wedi cyrraedd y gwerthoedd hynny (4,  14,  33,  etc) erbyn PEN UCHAF pob grŵp, nid yng nghanol pob grŵp, a **150.5** yw'r gwir **FFIN DOSBARTH** rhwng y grŵp cyntaf a'r nesaf.

## Y Prawf Hollbwysig

**DYSGWCH y 4 Pwynt Allweddol, yna cuddiwch y tudalen ac ysgrifennwch y rhain.**

1) Cwblhewch y tabl a ddangosir yma i ddangos amledd cronnus.

| Pwysau (kg) | 41 – 45 | 46 – 50 | 51 – 55 | 56 – 60 | 61 – 65 | 66 – 70 | 71 – 75 |
|---|---|---|---|---|---|---|---|
| Amledd | 2 | 7 | 17 | 25 | 19 | 8 | 2 |

# Cromlin Amledd Cronnus

Mae top y graff bob amser yn hafal i
GYFANSWM yr Amledd Cronnus (=120 yn yr achos hwn)

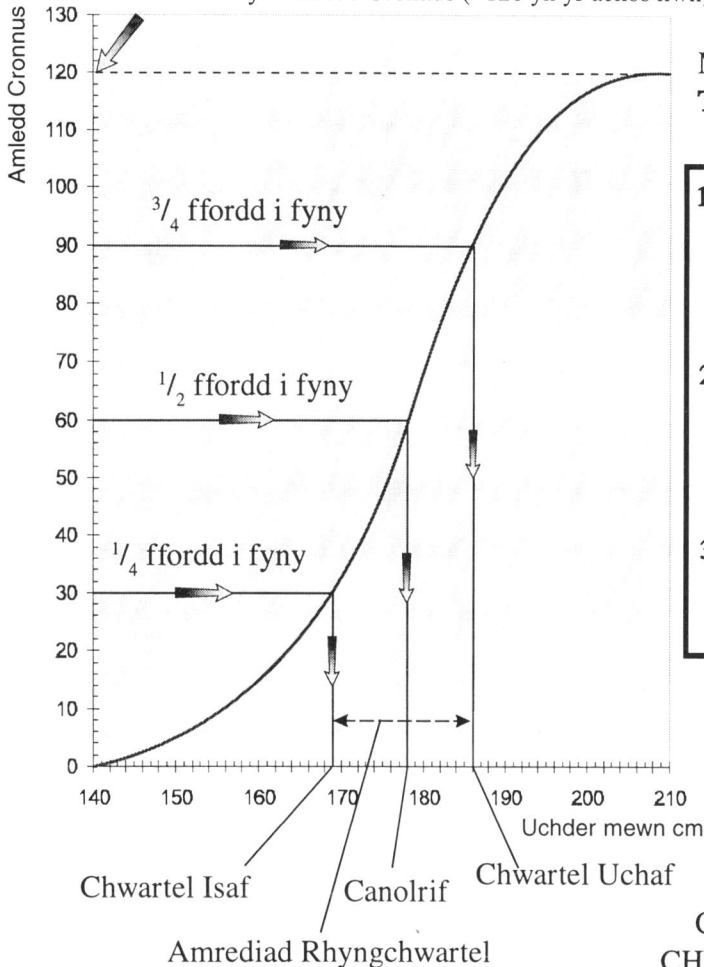

Amledd Cronnus

³/₄ ffordd i fyny

¹/₂ ffordd i fyny

¹/₄ ffordd i fyny

Uchder mewn cm

Chwartel Isaf    Canolrif    Chwartel Uchaf

Amrediad Rhyngchwartel

Mae'r **gromlin amledd cronnus** yn rhoi
**TRI YSTADEGYN HANFODOL**:

1) **CANOLRIF**
   **Yn union hanner ffordd i FYNY**,
   yna ar draws, ac yna i lawr, a
   **darllenwch y raddfa ar y gwaelod**.

2) **CHWARTELAU ISAF AC UCHAF**
   **Yn union ¹/₄ a ³/₄ i FYNY**'r ochr, yna
   ar draws, ac yna i lawr, a **darllenwch y
   raddfa ar y gwaelod**.

3) **YR AMREDIAD RHYNGCHWARTEL**
   Dyma'r pellter, **ar y raddfa ar y gwaelod**,
   rhwng y chwartel isaf a'r chwartel uchaf.

Felly, o'r gromlin amledd cronnus uchod
gallwn ddarganfod y canlynol yn hawdd:

CANOLRIF = **178cm**
CHWARTEL ISAF = **169cm**
CHWARTEL UCHAF = **186cm**
AMREDIAD RHYNGCHWARTEL = **17cm**  (186 – 169)

## Dehongli'r Siâp

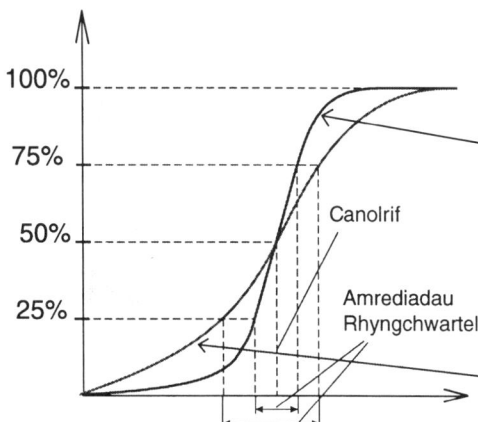

Canolrif

Amrediadau
Rhyngchwartel

Mae siâp **CROMLIN AMLEDD CRONNUS**
hefyd yn dweud wrthym beth yw **gwasgariad**
gwerthoedd y data.

Mae dosraniad 'clòs' (a chanddo amrediad
rhyngchwartel bychan) yn cynrychioli canlyniadau
CYSON iawn, sydd fel arfer yn beth da.
E.e. mae **hydoedd oes batrïau neu fylbiau golau**
sydd yn agos iawn at ei gilydd yn golygu **cynnyrch
da**, o'i gymharu â'r gromln arall lle mae **amrywiad
mawr** rhwng yr hydoedd oes, h.y. cynnyrch o safon
isel.

# Y Prawf Hollbwysig

**DYSGWCH Y TUDALEN HWN**, yna **cuddiwch y
tudalen** ac **ysgrifennwch bob manylyn pwysig**.

1) Gan ddefnyddio eich tabl amledd gorffenedig o'r tudalen blaenorol, lluniwch graff amledd
   cronnus a'i ddefnyddio i ddarganfod y tri ystadegyn hanfodol.

# Crynodeb Adolygu Adran 4

Efallai fod y cwestiynau hyn yn ymddangos yn anodd, **ond dyma'r math gorau o adolygu allwch chi ei wneud**. Holl bwrpas adolygu yw **darganfod y pethau nad ydych yn eu gwybod** ac yna eu dysgu **nes byddwch yn eu gwybod**. Mae'r cwestiynau anodd hyn yn dangos faint rydych chi'n ei wybod. Maent yn dilyn trefn y tudalennau yn Adran 4, felly mae'n ddigon hawdd i chi wirio unrhyw beth nad ydych yn ei wybod.

**Daliwch ati i ddysgu'r ffeithiau sylfaenol hyn nes byddwch yn eu gwybod.**

1) Beth yw'r mwyaf neu'r lleiaf y gall tebygolrwydd fod?

2) Tynnwch linell i gynrychioli pob math o debygolrwydd gan ddefnyddio geiriau i'w disgrifio.

3) Pa dri math o rifau ellir eu defnyddio i gynrychioli tebygolrwydd?

4) Sut y dylid darllen $P(X) = \frac{1}{2}$?

5) Beth ddylai cyfanswm tebygolrwydd fod bob amser?

6) Pa fotwm ar y cyfrifiannell sy'n hynod o ddefnyddiol wrth ateb cwestiynau tebygolrwydd?

7) Beth yw arwyddocâd "gan ddychwelyd" a "heb ddychwelyd"?

8) Beth yw tebygolrwydd cyfunol?

9) Beth allwch chi ei ddweud am y tebygolrwydd cyfunol y bydd 2 ddigwyddiad yn digwydd?

10) Nodwch y tair rheol wrth ddelio â thebygolrwydd cyfunol.

11) Beth yw'r rheol AC / NEU?

12) Lluniwch ddiagram coeden cyffredinol sy'n arddangos holl nodweddion diagram coeden.

13) Rhowch enwau'r pedwar math gwahanol o siart ar gyfer arddangos data.

14) Lluniwch 2 enghraifft o bob math o siart.

15) Pryd ddylai barrau siart amledd gyffwrdd a pheidio â chyffwrdd?

16) Beth yw ystyr cydberthyniad? Lluniwch graffiau yn dangos y 3 math gwahanol.

17) Beth yw'r 3 cham ar gyfer darganfod onglau mewn siart cylch?

18) Rhowch ddiffiniadau cymedr, canolrif, modd ac amrediad.

19) Beth yw'r Rheol Aur wrth ddelio â chymedr, canolrif, etc?

20) Nodwch yr wyth pwynt allweddol ar gyfer tabl amledd.

21) Sut mae darganfod y cymedr a'r canolrif o dabl amledd?

22) Sut mae darganfod y modd a'r amrediad o dabl amledd?

23) Beth yw'r gwahaniaeth rhwng Tabl Amledd a Thabl Amledd Grŵp?

24) Pa 2 beth sy'n gwneud Tabl Amledd Grŵp mor anodd?

25) Sut mae amcangyfrif y cymedr o dabl amledd grŵp?

26) Nodwch y pedwar pwynt allweddol ar gyfer amledd cronnus.

27) A oes angen meddwl am ffiniau dosbarth wrth blotio cromlin amledd cronnus o dabl gwerthoedd?  Pam?

28) Tynnwch fraslun o graff amledd cronnus nodweddiadol.

29) Pa 3 ystadegyn hanfodol y gallwch eu darganfod o graff amledd cronnus?

30) Eglurwch yn union sut i'w cael, a dangoswch hyn ar eich graff.

31) Sut mae penderfynu ym mhle mae hanner ffordd i fyny'r graff?

## Darganfod Graddiant Llinell

Mae cyfrifo graddiant llinell syth yn waith eithaf anodd, a gall amryw o bethau fynd o chwith.

Unwaith eto, fodd bynnag, os byddwch yn **dysgu** a **dilyn** y camau isod a'u trin fel **DULL PENODOL**, fe gewch chi lawer mwy o lwyddiant nag arfer.

## Dull Penodol o Ddarganfod Graddiant

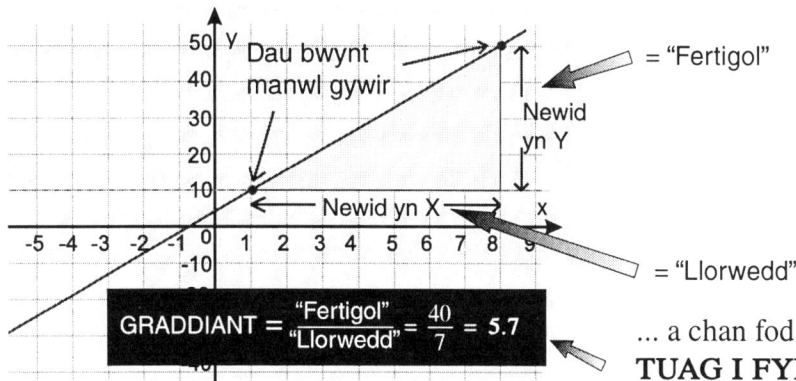

... a chan fod y graff hwn yn **MYND TUAG I FYNY** (o'r chwith i'r dde) mae'n +5.7, ac nid -5.7.

**1)** Dewiswch DDAU BWYNT MANWL GYWIR, sy'n eithaf pell oddi wrth ei gilydd

Y ddau yn y pedrant uchaf ar y dde os yn bosibl, (i gadw'r holl rifau'n bositif a thrwy hynny leihau'r posibilrwydd o gamgymeriadau. Gweler t. 66).

**2)** CWBLHEWCH Y TRIONGL fel y dangosir

**3)** Darganfyddwch beth yw'r **NEWID YN Y** a'r **NEWID YN X**

Gwnewch yn siŵr eich bod yn gwneud hyn gan ddefnyddio'r GRADDFEYDD ar yr echelinau Y ac X, **nid trwy rifo rhaniadau!**
(Felly yn yr enghraifft uchod, NID 4 rhaniad yw'r newid yn Y, ond 40 uned ar yr echelin Y.)

**4)** DYSGWCH y fformwla hon a defnyddiwch hi:

$$\text{GRADDIANT} = \frac{\text{``FERTIGOL''}}{\text{``LLORWEDD''}}$$

**Cofiwch osod y rhain yn y drefn gywir!**

**5)** Yn olaf, penderfynwch a yw'r graddiant yn **BOSITIF** neu'n **NEGATIF**

Os yw'n goleddu **I FYNY**, chwith → dde ( ⟋ ) **yna mae'n +if**
Os yw'n goleddu **I LAWR**, chwith → dde ( ⟍ ) **yna mae'n –if** (felly rhowch "–" o'i flaen)

## Y Prawf Hollbwysig

**DYSGWCH** y **PUM CAM** ar gyfer darganfod graddiant, yna **cuddiwch y tudalen** ac **YSGRIFENNWCH NHW** oddi ar eich cof.

**1)** Plotiwch y 3 phwynt hyn ar bapur graff: (0, 3)  (2, 0)  (5, -4.5) ac yna cysylltwch nhw â llinell syth. Defnyddiwch y **PUM CAM** i ddarganfod graddiant y llinell.

# Cyfesurynnau X, Y a Z

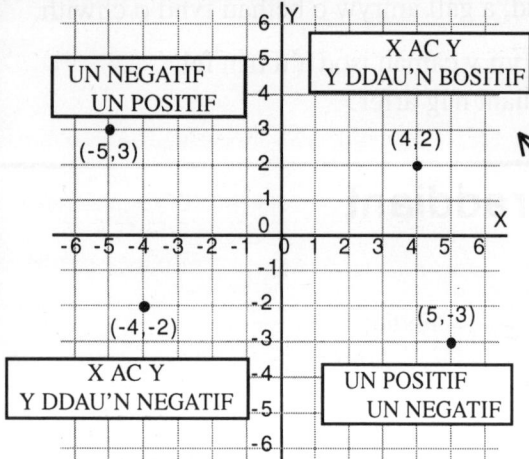

Yma mae'r echelinau yn creu **pedwar rhanbarth gwahanol** lle mae cyfesurynnau X ac Y un ai yn **bositif** neu yn **negatif**.

Hwn yw'r rhanbarth hawsaf oherwydd yma mae'r **CYFESURYNNAU I GYD YN BOSITIF.**

Mae'n rhaid i chi fod yn ofalus iawn yn y rhanbarthau eraill fodd bynnag, oherwydd gall cyfesurynnau X ac Y fod yn **negatif**, ac mae hynny bob amser yn gwneud bywyd yn anodd.

## Cyfesurynnau *X, Y* – cael y drefn gywir

Rhowch **gyfesurynnau** mewn cromfachau bob amser, fel hyn: (x, y).

A gwnewch yn siŵr eich bod yn eu rhoi **yn y drefn gywir** – Dyma 3 rheol ddefnyddiol i'ch helpu i gofio:

1)  Mae'r ddau gyfesuryn bob amser **YN NHREFN YR WYDDOR, X ac yna Y.**

2)  Yr echelin sy'n mynd ar draws y tudalen yw'r echelin X.

3)  Rydych bob amser yn mynd **I MEWN I'R TŶ** (→) ac yna **I FYNY'R GRISIAU** (↑), felly ewch **AR DRAWS** yn gyntaf ac yna **I FYNY**, h.y. cyfesuryn X yn gyntaf, yna cyfesuryn Y.

## Cyfesurynnau 3D – Pwnc Hawdd Iawn

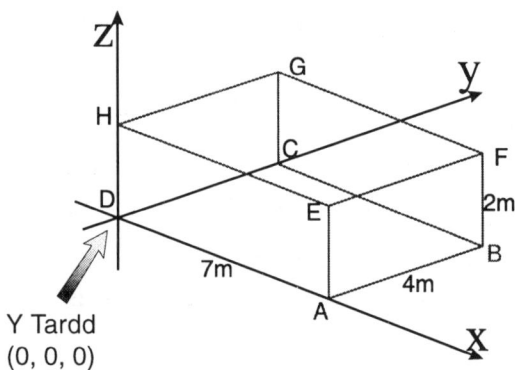

Y Tardd
(0, 0, 0)

1)  Y cwbl mae hyn yn ei olygu yw **estyn** y cyfesurynnau X, Y cyffredin i **drydydd cyfeiriad**, sef Z, fel bo **gan bob pwynt 3 chyfesuryn: (x, y, z).**

2)  Golyga hyn eich bod yn gallu ysgrifennu cyfesurynnau **corneli bocs** neu unrhyw siâp **3 dimensiwn arall.**

Er enghraifft, yn y llun hwn, cyfesurynnau A a B yw    A(7, 0, 0)    B(7, 4, 0)

# Y Prawf Hollbwysig

DYSGWCH y **3 rheol ar gyfer cael X ac Y yn y drefn gywir** a dysgwch beth yw **cyfesuryn Z**. Yna cuddiwch y tudalen ac **ysgrifennwch y cyfan.**

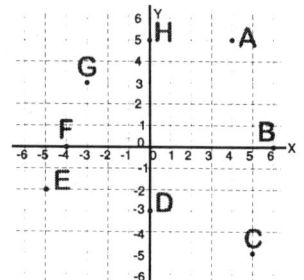

1)  Ysgrifennwch gyfesurynnau'r pwyntiau A hyd at H ar y graff hwn:
2)  Ysgrifennwch gyfesurynnau holl gorneli eraill y bocs uchod.

# Graffiau Hawdd y Dylech eu Gwybod

Os ydych am wneud bywyd yn hawdd i chi'ch hun, yna dylech ddysgu ychydig o graffiau syml yn iawn. Dyma nhw:

## 1) "$x = a$"
### Llinellau Fertigol

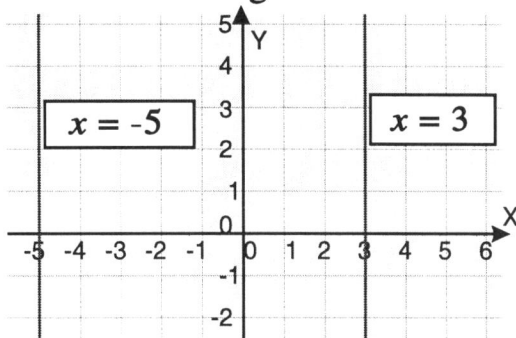

$x = -5$     $x = 3$

**"X = rhif"** – llinell sy'n mynd **yn syth i fyny drwy'r rhif hwnnw** ar yr echelin X.
E.e. Mae $x = 3$ yn mynd yn syth i fyny drwy 3 ar yr echelin X fel y dangosir.
   Cofiwch: echelin $y$ yw'r llinell $x = 0$

## 2) "$y = a$"
### Llinellau Llorwedd

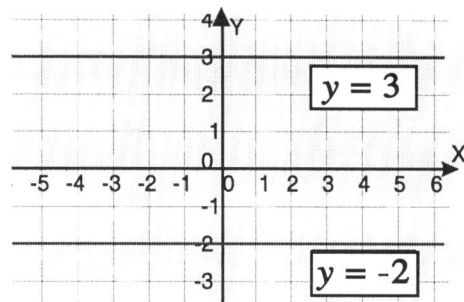

$y = 3$     $y = -2$

**"Y = rhif"** – llinell sy'n mynd **yn syth ar draws drwy'r rhif hwnnw** ar yr echelin Y.
E.e. $y = -2$ yw'r llinell sy'n mynd yn syth drwy -2 ar yr echelin Y fel y dangosir.
   Cofiwch: echelin $x$ yw'r llinell $y = 0$

## 3) "$y = x$" ac "$y = -x$"
### (Y Prif Groesliniau)

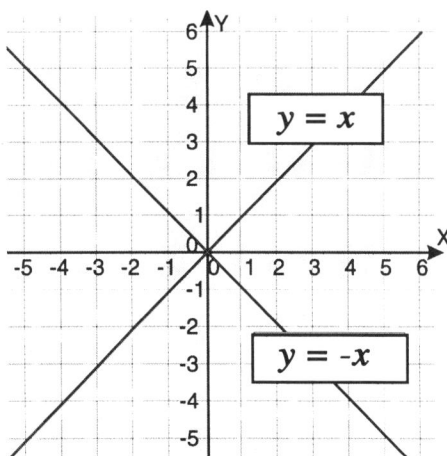

$y = x$     $y = -x$

"$y = x$" yw'r **brif groeslin** sy'n mynd **TUAG I FYNY** o'r chwith i'r dde.
"$y = -x$" yw'r **brif groeslin** sy'n mynd **TUAG I LAWR** o'r chwith i'r dde.

## 4) "$y = ax$" ac "$y = -ax$"
### (Llinellau eraill sy'n goleddu)

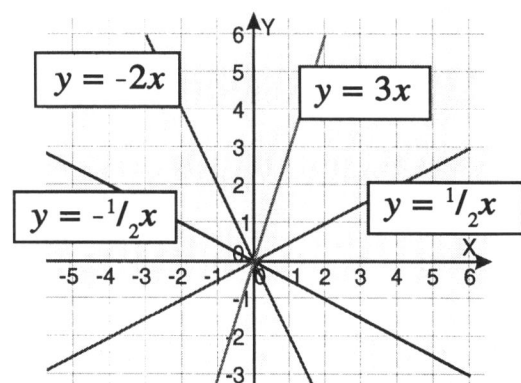

$y = -2x$     $y = 3x$     $y = -\frac{1}{2}x$     $y = \frac{1}{2}x$

$y = ax$ ac $y = -ax$ yw hafaliadau **LLINELL SY'N GOLEDDU TRWY'R TARDD**.

Gwerth "$a$" yw **GRADDIANT y llinell**, felly **po FWYAF y rhif, MWYAF y goledd,** ac mae ARWYDD MINWS yn dweud bod y goledd TUAG I LAWR fel y dangosir uchod.

## Y Prawf Hollbwysig

Yna **cuddiwch y tudalen** a gwnewch y canlynol:

1) Ysgrifennwch hafaliadau'r **pedwar graff a ddangosir** yma:
2) Lluniwch y 6 graff hyn: $x = 3$, $y = -4$, $y = x$, $y = -x$, $y = 0$, $y = -\frac{1}{2}x$

**DYSGWCH y PEDWAR MATH HAWDD O GRAFF**, yna **cuddiwch y tudalen** a **LLUNIWCH** enghraifft o bob un.

a)    b)    c)    ch)

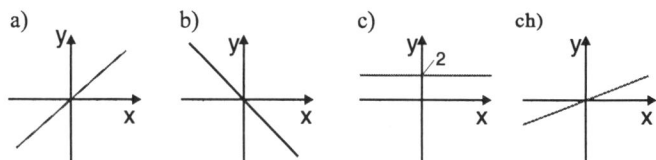

# Pedwar Graff y Dylech eu Hadnabod

Mae pedwar math o graff y dylech wybod beth yw eu siâp dim ond wrth edrych ar eu hafaliadau – mae hyn yn eithaf hawdd.

## 1) Graffiau Llinell Syth: "$y = mx + c$"

Mae'n hawdd adnabod hafaliadau llinell syth – mae ganddynt **derm $x$**, **term $y$** a **rhif**, a dyna'r cwbl. Nid oes termau $x^2$ neu $x^3$ neu $\frac{1}{x}$ na dim byd cymhleth arall.

| DDIM yn llinellau syth | Llinellau syth | | Wedi eu haildrefnu yn "$y = mx + c$" | |
|---|---|---|---|---|
| $y = x^3 + 3$ | $y = 2 + 3x$ | $\rightarrow$ | $y = 3x + 2$ | ($m = 3$, $c = 2$) |
| $2y - \frac{1}{x} = 7$ | $2y - 4x = 7$ | $\rightarrow$ | $y = 2x + 3\frac{1}{2}$ | ($m = 2$, $c = 3\frac{1}{2}$) |
| $\frac{1}{y} + \frac{1}{x} = 2$ | $x - y = 0$ | $\rightarrow$ | $y = x + 0$ | ($m = 1$, $c = 0$) |
| $x^2 = 4 - y$ | $4x - 3 = 5y$ | $\rightarrow$ | $y = 0.8x - 0.6$ | ($m = 0.8$ $c = 0.6$) |
| $xy + 3 = 0$ | $3y + 3x = 12$ | $\rightarrow$ | $y = -x + 4$ | ($m = -1$ $c = 4$) |

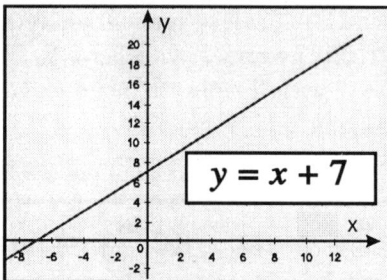

$y = x + 7$

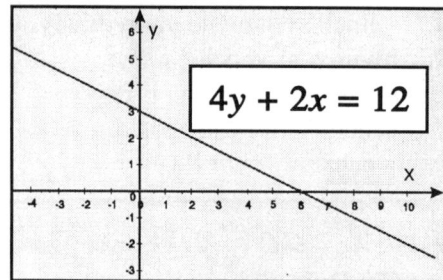

$4y + 2x = 12$

## 2) Siapiau Bwced: $x^2$

$y$ = unrhyw beth sy'n cynnwys $x^2$, ond nid $x^3$

Sylwch fod gan bob un o'r graffiau hyn **yr un siâp bwced CYMESUR**.

Sylwch hefyd, os yw'r rhan $x^2$ yn bositif (h.y. $+x^2$) yna mae'r bwced yn sefyll â'i waelod i lawr yn y ffordd arferol, ond os oes "minws" o flaen y rhan $x^2$ (h.y. $-x^2$) yna mae'r bwced **â'i ben i lawr**.

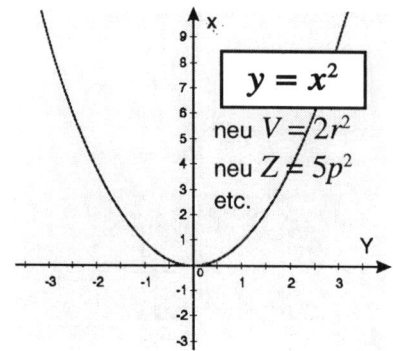

$y = x^2$

neu $V = 2r^2$
neu $Z = 5p^2$
etc.

$y = 3x^2 - 6x - 3$

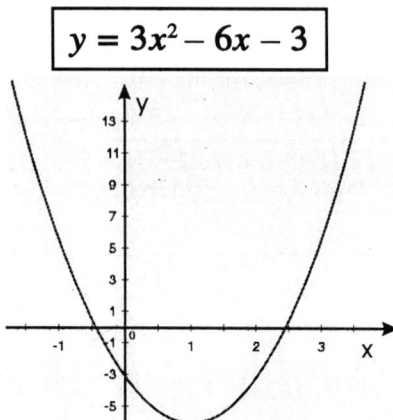

$y = -2x^2 - 4x + 3$

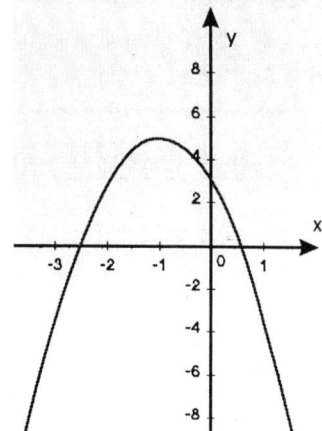

# Pedwar Graff y Dylech eu Hadnabod

## 3) Graffiau $x^3$:    $y = $ "rhywbeth yn cynnwys $x^3$"

Mae pob graff $x^3$ yn cynnwys yr un **tro dwbl** sylfaenol yn y canol, ond gall fod yn dro dwbl fflat neu'n dro dwbl mwy sylweddol.

Sylwch fod "**graffiau $-x^3$**" bob amser yn dod **i lawr o'r top ar y chwith** tra bo graffiau $+x^3$ yn mynd i **fyny o'r gwaelod ar y chwith**.

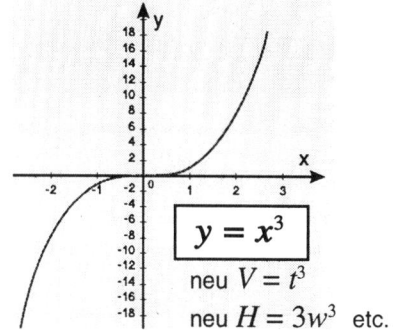

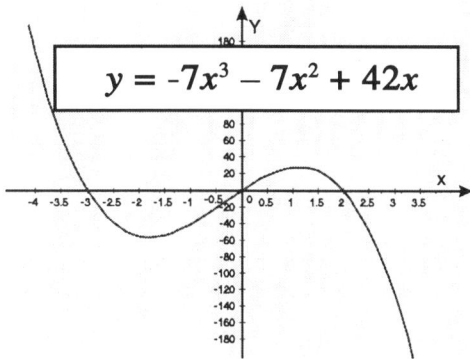

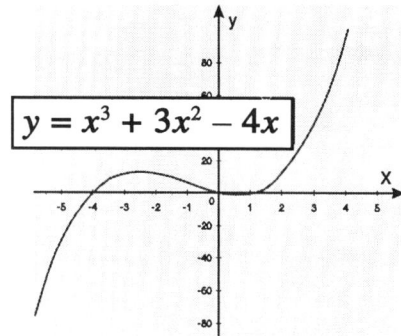

$y = x^3$

neu $V = t^3$

neu $H = 3w^3$ etc.

$y = -7x^3 - 7x^2 + 42x$

$y = x^3 + 3x^2 - 4x$

## 4) Graffiau $^1/_x$:    $y = {^a/_x}$, lle mae $a$ yn rhif

Mae'r graffiau hyn i gyd **yn UNION yr un siâp**; yr unig wahaniaeth yw pa mor agos at y gornel yr ânt. Maent i gyd yn **gymesur o boptu'r llinell $y = x$**. Dyma'r graff a gewch hefyd pan fydd $x$ ac $y$ mewn **cyfrannedd wrthdro**.

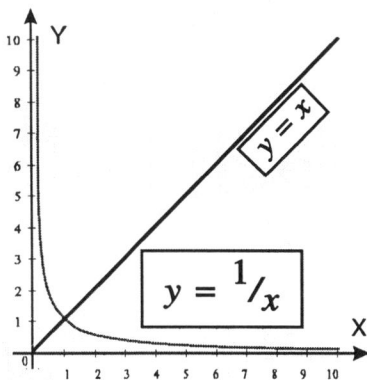

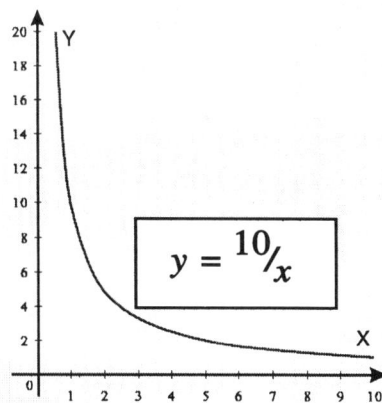

$y = x$

$y = {^1/_x}$

$y = {^{10}/_x}$

## Y Prawf Hollbwysig

DYSGWCH yr holl fanylion ynglŷn â'r **4 Math o Graff**, eu hafaliadau a'u siapiau.

Yna **cuddiwch y tudalen** a gwnewch **frasluniau o dair enghraifft** o bob un o'r **pedwar math o graff**, ac os gallwch roi manylion ychwanegol ynglŷn â'u hafaliadau, **gorau oll**.

Cofiwch, os nad ydych yn DYSGU HYN, yna does dim pwrpas darllen y gwaith. Mae hyn yn wir am bob gwaith adolygu.

# Plotio Graffiau Llinell Syth

Mae hafaliadau llinell syth yn weddol hawdd i'w hadnabod. Maent yn cynnwys dwy lythyren yn unig ac ychydig o rifau, ond dim byd anodd fel $x$ ac $y$ wedi eu sgwario neu eu ciwbio. (Gweler enghreifftiau ar t. 68.)

Beth bynnag, yn yr arholiad disgwylir i chi lunio graff hafaliad llinell syth. "$y = mx + c$" yw'r ffordd anodd o wneud hyn (gweler t. 71). Dyma'r **FFORDD HAWDD** o wneud y gwaith:

## Dull y "Tabl Tri Gwerth"

Gallwch lunio graff **UNRHYW HAFALIAD HEB DRAFFERTH** drwy ddefnyddio'r dull **HAWDD** hwn.

**Dull:**

1) Dewiswch **3 O WERTHOEDD** $x$ a lluniwch dabl,

2) **CYFRIFWCH WERTHOEDD** $y$ ar gyfer pob gwerth $x$,

3) **PLOTIWCH Y CYFESURYNNAU** a **LLUNIWCH Y LLINELL**.

Os yw'n **hafaliad llinell syth**, yna bydd y 3 phwynt yn ffurfio llinell hollol syth. Dyma'r ffordd arferol o wirio'r llinell ar ôl ei llunio. **Os nad ydynt yn llinell syth**, yna efallai mai **cromlin** sydd yma a bydd raid i chi roi **mwy o werthoedd yn eich tabl** i weld beth sy'n digwydd.

**Enghraifft:** "Lluniwch graff $y = 2x - 3$"

1) **LLUNIWCH DABL** gan ddefnyddio rhai gwerthoedd addas ar gyfer $x$. Mae dewis $x = 0, 2, 4$ fel arfer yn ddigon da. h.y.

| $x$ | 0 | 2 | 4 |
|---|---|---|---|
| $y$ | | | |

2) **DARGANFYDDWCH WERTHOEDD** $y$ drwy roi pob gwerth $x$ yn yr hafaliad:

e.e. Pan yw $x = 4$
$y = 2x - 3$
$= 2 \times 4 - 3$
$= 8 - 3 = 5$

| $x$ | 0 | 2 | 4 |
|---|---|---|---|
| $y$ | -3 | 1 | 5 |

$y = 2x - 3$

Llinell hollol syth

3) **PLOTIWCH Y PWYNTIAU** a **LLUNIWCH Y LLINELL** yn syth ar draws y papur graff (fel y dangosir).

(Dylai'r pwyntiau bob amser ffurfio **LLINELL HOLLOL SYTH**. Os nad ydynt, rhowch fwy o werthoedd yn y tabl i ddarganfod beth sydd wedi digwydd.)

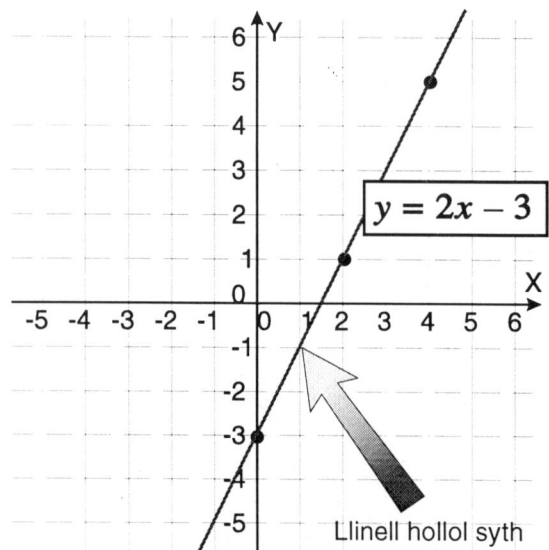

## Y Prawf Hollbwysig

**DYSGWCH** fanylion y **dull hawdd** hwn, yna **cuddiwch y tudalen ac ysgrifennwch nhw.**

1) Lluniwch graffiau   **a)** $y = 4 + x$   **b)** $y = 3x + 2$   **c)** $y = 6 - 2x$

# Plotio Graffiau Llinell Syth

## Defnyddio $y = mx + c$

$y = mx + c$ yw'r hafaliad cyffredinol ar gyfer graff llinell syth, a bydd angen i chi gofio:

"$m$" yw **GRADDIANT** y graff

"$c$" yw'r gwerth **LLE MAE'N CROESI'R ECHELIN Y** a'r enw arno yw'r **RHYNGDORIAD.**

### 1) Llunio Llinell Syth gan ddefnyddio $y = mx + c$

Y prif beth yw gallu adnabod "$m$" ac "$c$" a gwybod beth i'w wneud â nhw:

**BYDDWCH YN OFALUS** – mae'n ddigon hawdd cymysgu "$m$" ac "$c$", yn enwedig yn y ffurf "$y = 5 + 2x$", dyweder.

**COFIWCH** mai'r rhif **O FLAEN** $x$ yw "$m$" ac mai "$c$" yw'r rhif sydd **AR EI BEN EI HUN**.

#### Dull

1) Ysgrifennwch yr hafaliad yn y ffurf "$y = mx + c$"
2) **DARGANFYDDWCH** "$m$" ac "$c$"
3) **RHOWCH SMOTYN AR YR ECHELIN $y$** lle mae gwerth $c$
4) Yna ewch **YMLAEN UN UNED** ac i fyny neu i lawr yn ôl **gwerth $m$** a rhoi smotyn arall.
5) **Ailadroddwch** yr un "cam" yn y **ddau gyfeiriad** fel y dangosir:
6) Yn olaf **GWIRIWCH** fod y graddiant yn EDRYCH YN IAWN

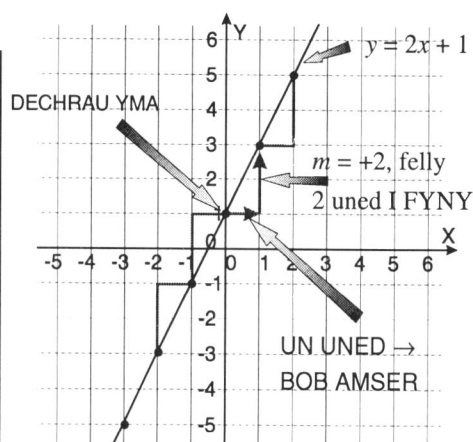

**DECHRAU YMA** · $y = 2x + 1$ · $m = +2$, felly 2 uned I FYNY · UN UNED → BOB AMSER

Mae'r graff a ddangosir yma yn dangos y broses ar gyfer yr hafaliad "$y = 2x + 1$":

1) "$c$" = 1, felly rhowch y smotyn cyntaf yn $y = 1$ ar yr echelin $y$.
2) Ewch 1 uned → ac yna i fyny 2 oherwydd bod "$m = +2$".
3) Gwnewch yr un cam eto, $1 \rightarrow 2\uparrow$ yn y **ddau** gyfeiriad. (h.y. $1 \leftarrow 2\downarrow$ y ffordd arall)
4) GWIRIWCH: dylai **graddiant o +2** fod yn **eithaf serth tuag i fyny o'r chwith i'r dde** – ac felly y mae.

### 2) Darganfod Hafaliad Graff Llinell Syth

**MAE HYN YN HAWDD**:
1) Darganfyddwch ble mae'r graff yn **CROESI'R ECHELIN $y$**. Dyma werth "$c$".
2) Darganfyddwch werth y **GRADDIANT** (gweler t. 65). Dyma werth "$m$".
3) Rhowch y gwerthoedd hyn ar gyfer "$m$" ac "$c$" yn "$y = mx + c$" a dyna ni!

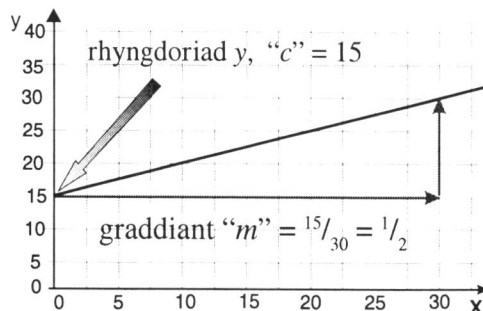

rhyngdoriad $y$, "$c$" = 15 · graddiant "$m$" = $^{15}/_{30} = ^1/_2$

Yn y graff a ddangosir, mae $m = ^1/_2$ ac $c = 15$ felly mae "$y = mx + c$" yn "$y = ^1/_2 x + 15$"

## Y Prawf Hollbwysig

**DYSGWCH FANYLION** y ddau ddull ar gyfer "$y = mx + c$". Yna **CUDDIWCH** y tudalen ac **YSGRIFENNWCH** yr hyn rydych chi wedi ei ddysgu.

$y = mx + c$ · a) b) c)

1) Gan ddefnyddio "$y = mx + c$" lluniwch graffiau $y = x - 3$ ac $y = 4 - 2x$.
2) Gan ddefnyddio "$y = mx + c$" darganfyddwch hafaliadau'r tri graff →

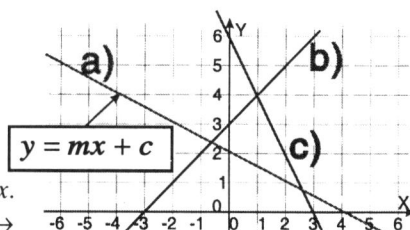

# Cwestiynau Cyffredin ar Graffiau

Mae cwestiynau ar graffiau yn cynnwys llawer o fanylion trafferthus: cael gwerthoedd cywir yn y tabl, plotio pwyntiau cywir, a chael atebion terfynol o'r graff. Er mwyn ennill yr holl farciau hawdd hyn, rhaid i chi ddysgu'r holl driciau bach canlynol:

## Llenwi'r Tabl Gwerthoedd

Cwestiwn cyffredin: "Llanwch y tabl gwerthoedd ar gyfer yr hafaliad $y = x^2 - 4x + 3$"

| $x$ | -2 | -1 | 0 | 1 | 2 | 3 | 4 | 5 | 6 |
|---|---|---|---|---|---|---|---|---|---|
| $y$ | | | 0 | | | 3 | | | 15 |

**PEIDIWCH Â** cheisio mewnbynnu popeth i'ch cyfrifiannell ar unwaith. Camgymeriad fyddai hynny. Mae gweddill y cwestiwn yn dibynnu ar y tabl gwerthoedd hwn a gallai gwneud camgymeriad gwirion yma olygu colli llawer o farciau. Efallai fod y dull canlynol yn ymddangos yn un hir ond dyma'r unig **DDULL DIOGEL**.

### 1) Ar gyfer POB gwerth yn y tabl dylech YSGRIFENNU'R CANLYNOL:

Ar gyfer $x = 4$
$$\begin{aligned} y &= x^2 - 4x + 3 \\ &= 4^2 - 4 \times 4 + 3 \\ &= 16 - 16 + 3 \\ &= 3 \end{aligned}$$

Ar gyfer $x = -1$
$$\begin{aligned} y &= x^2 - 4x + 3 \\ &= (-1 \times -1) - (4 \times -1) + 3 \\ &= 1 - -4 + 3 \\ &= 1 + 4 + 3 = 8 \end{aligned}$$

### 2) Gofalwch y gallwch atgynhyrchu'r gwerthoedd $y$ sydd eisoes wedi'u rhoi i chi.

– CYN llenwi'r bylchau yn y tabl. Mae hyn yn bwysig iawn er mwyn gwneud yn siŵr eich bod yn gwneud y gwaith yn iawn, cyn i chi ddechrau cyfrifo llawer o werthoedd anghywir. Mae hwn yn gyngor buddiol iawn.

## Plotio Pwyntiau a Llunio Cromlin

Yma eto, mae marciau yn y fantol!

1) **RHOWCH YR ECHELINAU YN EU LLE CYWIR**: Mae'r gwerthoedd o'r rhes neu'r golofn **GYNTAF** BOB AMSER yn cael eu plotio **ar yr echelin $x$.**

2) **PLOTIWCH Y PWYNTIAU YN OFALUS**, a pheidiwch â chymysgu gwerthoedd $x$ ac $y$.

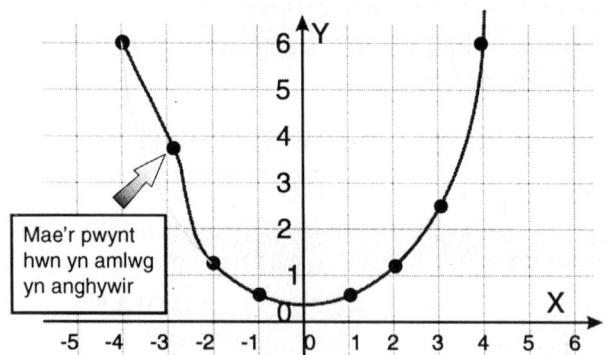

Mae'r pwynt hwn yn amlwg yn anghywir

3) Bydd y pwyntiau bob amser yn ffurfio **LLINELL HOLLOL SYTH** neu **GROMLIN HOLLOL LEFN**. Os nad ydynt, maent yn **anghywir.**

4) Dylid llunio graff o **HAFALIAD ALGEBRAIDD** yn **GROMLIN LEFN** (neu linell hollol syth). Yr unig adeg y byddwch yn defnyddio llawer o ddarnau o linellau syth byr yw i gysylltu pwyntiau mewn "**Trafod Data**" sef "polygon amledd". (Gweler t. 56)

**PEIDIWCH BYTH â gadael i un pwynt dynnu eich llinell** i gyfeiriad annerbyniol – Os bydd un pwynt yn ymddangos yn anghywir, yna **gwiriwch y gwerth a gyfrifwyd** yn y tabl ac yna gwiriwch eich bod wedi ei blotio'n gywir. Pan fo graff yn cael ei lunio o hafaliad, **nid ydych byth yn cael pigynnau neu lympiau** – dim ond CAMGYMERIADAU.

# Cwestiynau Cyffredin ar Graffiau

## Sut i gael Atebion o'r Graff

1) Mewn graff **CROMLIN NEU LINELL**, rydych **BOB AMSER** yn darganfod yr ateb **drwy dynnu llinell syth o un echelin i'r graff**, ac yna **i lawr neu ar draws at yr echelin arall**, fel y dangosir yma:

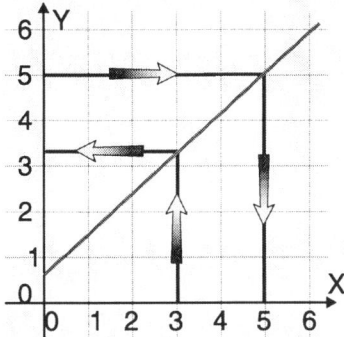

Os y cwestiwn yw "**Darganfyddwch werth y pan yw x yn hafal i 3**", **Y CWBL SYDD RAID I CHI EI WNEUD YW HYN**: dechrau ar 3 ar echelin $x$, symud i fyny i linell y graff, yna mynd yn syth ar draws tuag at yr echelin $y$ a darllen beth yw'r gwerth – sef, yn yr achos hwn, $y = 3.2$ (fel y gwelir gyferbyn).

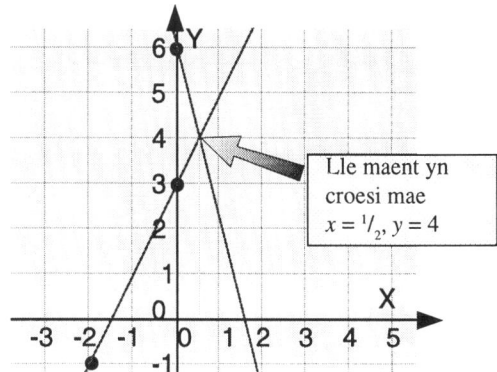

2) **OS YW DWY LINELL YN CROESI** ....
gallwch fod yn hollol siŵr mai'r ateb ar gyfer un o'r cwestiynau fydd:
**GWERTHOEDD $x$ ac $y$ LLE MAENT YN CROESI**,
a dylech ddisgwyl hyn hyd yn oed cyn i'r cwestiwn gael ei ofyn! (Gweler Hafaliadau Cydamserol; t. 89)

Lle maent yn croesi mae $x = \frac{1}{2}$, $y = 4$

## Beth yw YSTYR Graddiant Graff?

Beth bynnag yw'r graff, mae **YSTYR Y GRADDIANT** bob amser yr un fath:

$$\text{(UNEDAU echelin } y) \quad \text{Y / YR} \quad \text{(UNED echelin } x)$$

**ENGHREIFFTIAU:**

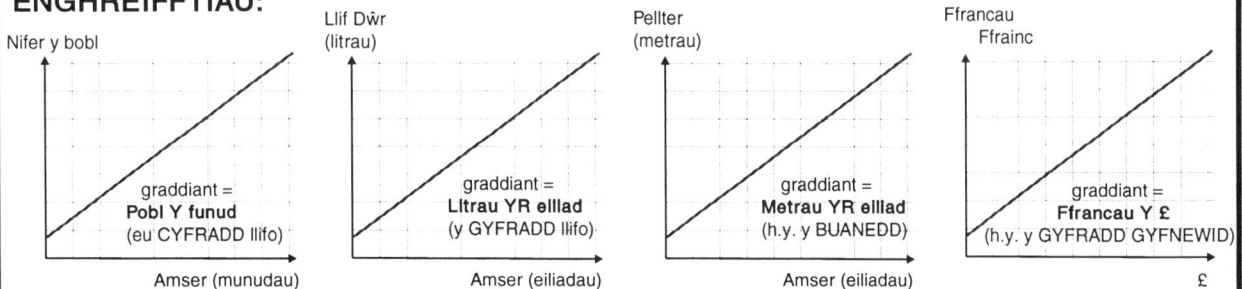

Nifer y bobl

graddiant =
**Pobl Y funud**
(eu CYFRADD llifo)
Amser (munudau)

Llif Dŵr (litrau)

graddiant =
**Litrau YR eiliad**
(y GYFRADD llifo)
Amser (eiliadau)

Pellter (metrau)

graddiant =
**Metrau YR eiliad**
(h.y. y BUANEDD)
Amser (eiliadau)

Ffrancau Ffrainc

graddiant =
**Ffrancau Y £**
(h.y. y GYFRADD GYFNEWID)
£

Mae gan rai graddiannau enwau arbennig, er enghraifft y **Gyfradd Cyfnewid** neu'r **Buanedd**, ond wedi i chi ysgrifennu'r geiriau "**rhywbeth Y / YR rhywbeth arall**" gan ddefnyddio UNEDAU echelin $y$ ac echelin $x$, yna mae'n eithaf hawdd gweld beth mae'r graddiant yn ei gynrychioli.

## Y Prawf Hollbwysig

DYSGWCH y **2 Reol** ar gyfer gwneud tablau gwerthoedd, y **4 pwynt** ar gyfer llunio graffiau, y **2 Reol syml** ar gyfer cael atebion ac **ystyr graddiant**.

Cuddiwch y tudalen ac **ysgrifennwch y cyfan oddi ar eich cof**. Rhowch gynnig arall nes byddwch yn llwyddo.

1) **Llanwch y tabl gwerthoedd** sydd ar ben tudalen 72 (gan ddefnyddio dulliau priodol!) ac yna **lluniwch graff** gan gofio'r Pedwar Pwynt.
2) O'ch graff **darganfyddwch werth y pan yw x = 4.2**, a **gwerth x pan yw y = 12**.
3) Petawn i'n llunio graff gyda "milltiroedd a deithiwyd" ar hyd yr echelin $y$ a "galwyni a ddefnyddiwyd" ar hyd yr echelin $x$, a darganfod y graddiant, beth fyddai'r gwerth yn ei ddweud wrthyf?

# Crynodeb Adolygu Adran 5

Efallai fod y cwestiynau hyn yn ymddangos yn anodd, **ond dyma'r math gorau o adolygu allwch chi ei wneud**. Holl bwrpas adolygu yw **darganfod y pethau nad ydych yn eu gwybod** ac yna eu dysgu **nes byddwch yn eu gwybod**. Mae'r cwestiynau anodd hyn yn dangos faint rydych chi'n ei wybod. Maent yn dilyn trefn y tudalennau yn Adran 5, felly mae'n ddigon hawdd i chi wirio unrhyw beth nad ydych yn ei wybod.

**Daliwch ati i ddysgu'r ffeithiau sylfaenol hyn nes byddwch yn eu gwybod.**

1) Beth yw'r fformwla ar gyfer graddiant? Sut rydych chi'n ei chofio?

2) Ysgrifennwch y 5 cam i ddarganfod graddiant.

3) Rhowch 3 ffordd o gofio trefn yr echelinau $x$ ac $y$.

4) Eglurwch beth yw cyfesurynnau 3–D. Rhowch enghraifft.

5) Pa fath o linell yw $x = a$?

6) Pa fath o linell yw $y = b$?

7) Pa fath o linell yw $y = ax$?

8) Beth sy'n arbennig am $y = x$ ac $y = -x$?

9) Pa 4 math gwahanol o graff y dylech wybod eu siapiau sylfaenol?

10) Gwnewch fraslun o graff cyfrannedd wrthdro.

11) Pa fath o hafaliad sy'n rhoi graff siâp bwced?

12) A beth am fwced â'i ben i lawr?

13) Pa fath o hafaliad sy'n rhoi graff â thro dwbl yn y canol?

14) Rhowch 2 enghraifft o bob un, gan roi'r hafaliad a braslun o'r graff.

15) Ysgrifennwch enghraifft o hafaliad llinell syth.

16) Sut mae'r rhain yn gwahaniaethu oddi wrth hafaliadau nad ydynt yn llinellau syth?

17) Beth yw'r dull hawsaf o lunio neu fraslunio graff hafaliad?

18) Beth sy'n wahanol yn y dull hwn os nad yw'n llinell syth?

19) Eglurwch beth mae "$y = mx + c$" yn ei olygu, gan gynnwys ystyr "$m$" ac "$c$".

20) Disgrifiwch yn fanwl y 3 cham ar gyfer plotio graff "$y = mx + c$".

21) Disgrifiwch yn fanwl y 6 cham ar gyfer darganfod hafaliad graff llinell syth.

22) Nodwch y ddwy reol ar gyfer llenwi tabl gwerthoedd.

23) Nodwch y 4 rheol ar gyfer plotio graff gan ddefnyddio tabl gwerthoedd.

24) Nodwch y ddwy reol ar gyfer cael atebion o graff neu graffiau.

25) Sut mae penderfynu beth yw ystyr graddiant graff?

26) Pa echelinau $x$ ac $y$ fyddech eu hangen pe byddai'r graddiant yn hafal i fuanedd mewn metrau yr eiliad?

27) Pa echelinau fyddech eu hangen pe byddai'r graddiant yn gyfradd llifo dŵr mewn litrau y funud?

28) Pa echelinau fyddech eu hangen pe byddai'r graddiant yn hafal i'r "Gyfradd Gyfnewid"?

## Rhifau Negatif a Llythrennau

Mae pawb yn gwybod **Rheol 1**, ond weithiau rhaid defnyddio **Rheol 2** yn ei lle, felly gwnewch yn siŵr eich bod yn gwybod Y DDWY reol a phryd i'w defnyddio.

### Rheol 1

**I'w defnyddio'n unig:**

| Mae | + | + | yn rhoi | + |
|-----|---|---|---------|---|
| Mae | + | − | yn rhoi | − |
| Mae | − | + | yn rhoi | − |
| Mae | − | − | yn rhoi | + |

**1) Wrth luosi neu rannu**

E.e.  $-2 \times 3 = $ **-6**,  $-8 \div -2 = $ **+4**  $-4p \times -2 = $ **+8p**

**2) Pan fydd dau arwydd yn ymddangos ochr yn ochr**

E.e.  $5 - {}^-4 = 5 + 4 = $ **9**  $4 + {}^-6 - {}^-7 = 4 - 6 + 7 = $ **5**

### Rheol 2

**Y LLINELL RIF**

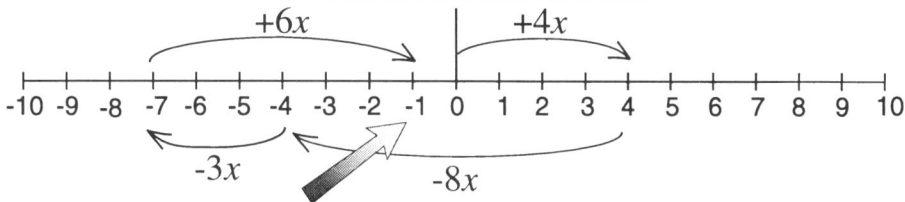

Felly mae  $4x - 8x - 3x + 6x = $ **-1$x$**

**Defnyddiwch hon wrth ADIO NEU DYNNU.**  E.e. "Symleiddiwch  $4x - 8x - 3x + 6x$"

### Lluosi Llythrennau

Dyma'r nodiant a ddefnyddir mewn algebra. Rhaid i chi gofio'r pum rheol hyn:

**1)** "$abc$" yw "$a \times b \times c$"  Yn aml caiff yr arwydd $\times$ ei hepgor i wneud pethau'n fwy eglur.

**2)** "$gn^2$" yw "$g \times n \times n$"  Sylwch mai $n$ yn unig sy'n cael ei sgwario, nid $g$ hefyd.

**3)** "$(gn)^2$" yw "$g \times g \times n \times n$"  Mae'r cromfachau yn golygu bod y **DDWY** lythyren yn cael eu sgwario.

**4)** "$p(q - r)^3$" yw "$p \times (q - r) \times (q - r) \times (q - r)$"  Dim ond cynnwys y cromfachau sy'n cael ei giwbio.

**5)** Mae "$-3^2$" yn amwys.  Dylid ei ysgrifennu fel $(-3)^2 = 9$, neu $-(3^2) = -9$

### Y Prawf Holibwysig

**DYSGWCH** y **Ddwy Reol** ar gyfer rhifau negatif a'r **achosion lle defnyddir y naill a'r llall**, yn ogystal â'r **5 achos arbennig o lythrennau yn cael eu lluosi â'i gilydd**.

Yna cuddiwch y tudalen ac **ysgrifennwch yr hyn rydych wedi ei ddysgu**.

1) Ar gyfer **a)** hyd at **ch)**, penderfynwch ble y dylid defnyddio **Rheol 1 a Rheol 2**, ac yna cyfrifwch yr atebion. **a)** $-4 \times -3$  **b)** $-4 + {}^-5 + 3$  **c)** $(3x + {}^-2x - 4x) \div (2 + {}^-5)$  **ch)** $120 \div {}^-40$

2) Os yw $m = 2$ ac $n = -3$, cyfrifwch: **a)** $mn^2$  **b)** $(mn)^3$  **c)** $m(4 + n)^2$  **ch)** $n^3$  **d)** $3m^2n^3 + 2mn$

# Ffurf Indecs Safonol

Mae **Ffurf Safonol** a **Ffurf Indecs Safonol** yn golygu'r UN PETH.
**Felly cofiwch y ddau enw yma** yn ogystal â chofio'r **ystyr**:

**Rhif cyffredin:**     4,300,000                    **Yn y Ffurf Safonol:**  $4.3 \times 10^6$

Yr unig adeg y bydd y ffurf safonol yn ddefnyddiol iawn yw ar gyfer **ysgrifennu rhifau
MAWR IAWN neu rifau BACH IAWN** mewn dull mwy cyfleus, e.e.

   Byddai  56,000,000,000  yn  $5.6 \times 10^{10}$  yn y ffurf safonol.
   Byddai  0.000 000 003 45  yn  $3.45 \times 10^{-9}$  yn y ffurf safonol.

Ond gellir ysgrifennu **UNRHYW RIF** yn y ffurf safonol **o wybod sut i wneud hynny**:

## Dyma Beth i'w Wneud:

Rhaid i rif sydd wedi'i ysgrifennu yn y ffurf safonol fod **BOB AMSER** yn y ffurf hon **YN UNION**:

$$A \times 10^n$$

Rhaid i'r **rhif** hwn fod
**RHWNG 1 a 10** bob amser
(Ffordd arall o ddweud hyn yw:
"$1 \leq A < 10$" – weithiau bydd hyn yn cael ei
ddefnyddio mewn cwestiynau arholiad –
cofiwch ei ystyr.)

Mae'r rhif hwn yn nodi
**NIFER Y LLEOEDD**
mae'r Pwynt Degol yn
**symud**.

### Dysgwch y Tair Rheol:

1)  Rhaid i'r **rhif blaen** fod **RHWNG 1 a 10** bob amser

2)  Mae'r pŵer 10, sef $n$, yn golygu:  **PA MOR BELL MAE'R P.D. YN SYMUD**

3)  Mae $n$ yn **+if i rifau MAWR**,        mae $n$ yn **–if i rifau BACH**

   (Mae hyn yn llawer gwell na'r rheolau sydd wedi'u seilio ar ba ffordd mae'r P.D. yn symud.)

## Enghreifftiau:

1)  "Mynegwch 35 600 yn y ffurf safonol".

**Dull:**

1)  Symudwch y P.D. nes bydd 35 600 yn 3.56 ("$1 \leq A < 10$")
2)  Mae'r P.D. wedi symud 4 lle, felly mae $n = 4$, sy'n rhoi: $10^4$
3)  Mae 35 600 yn rhif MAWR, felly mae $n = +4$, ac nid $-4$

**ATEB:**

$3.5600.\;\; = 3.56 \times 10^4$

2)  "Mynegwch $8.14 \times 10^{-3}$  fel rhif cyffredin".

**Dull:**

1)  Mae $10^{-3}$ yn dangos bod yn rhaid i'r P.D. symud 3 lle ...
2)  ... ac mae'r arwydd "–" yn dweud wrthym am symud y
   P.D. i'w wneud yn rhif BYCHAN (h.y. 0.00814,
   yn hytrach nag 8140)

**ATEB:**

$8.14 \; = 0.00814$

# Ffurf Indecs Safonol

## Ffurf Safonol a'r Cyfrifiannell

Mae pobl yn llwyddo i symud y pwynt degol heb fawr o drafferth (er eu bod weithiau yn anghofio "deg i'r pŵer rhywbeth positif" **AR GYFER RHIFAU MAWR** a "10 i'r pŵer rhywbeth negatif" **AR GYFER RHIFAU BACH**). Fodd bynnag, pan fyddant yn defnyddio cyfrifiannell i ddarganfod y ffurf safonol mae rhai yn mynd i helyntion dybryd.

Ond nid yw'r gwaith mor anodd â hynny – dim ond i chi ei ddysgu ...

## 1) Mewnbynnu Rhifau Ffurf Safonol EXP

Y botwm **SYDD RAID** i chi ei ddefnyddio i fewnbynnu rhifau ffurf safonol i mewn i'r cyfrifiannell yw'r botwm **EXP** (neu'r botwm **EE** ) – ond **PEIDIWCH** â phwyso **X** **10** hefyd, fel mae llawer o bobl yn ei wneud, gan fod hynny'n **ANGHYWIR**.

### Enghraifft "Mewnbynnwch 2.67 × 10⁹ i'r cyfrifiannell"

Pwyswch: **2.67** **EXP** **9** a bydd y dangosydd yn rhoi [ 2.67   09 ]

Sylwch mai'r **UNIG** fotwm sydd raid i chi ei **BWYSO** yw **EXP** (neu **EE**) – dydych chi **ddim** yn pwyso **X** na **10** o gwbl.

## 2) Darllen Rhifau Ffurf Safonol:

Y prif beth sydd raid i chi ei gofio wrth ysgrifennu unrhyw rif ffurf safonol sydd ar ddangosydd cyfrifiannell yw ychwanegu "× 10" eich hun. **PEIDIWCH** ag ysgrifennu dim ond yr hyn sy'n ymddangos ar y dangosydd.

### Enghraifft "Ysgrifennwch y rhif [ 7.986   05 ] fel ateb terfynol"

Fel ateb terfynol rhaid ysgrifennu hwn fel **7.986 × 10⁵**

**NID** 7.986⁵ ydyw, felly **PEIDIWCH** â'i ysgrifennu felly – Mae'n rhaid i **CHI** roi'r × 10ⁿ i mewn **eich hun**, er nad yw'n ymddangos o gwbl ar y dangosydd. **Mae llawer yn anghofio hyn**.

## Y Prawf Hollbwysig

> DYSGWCH y **Tair Rheol** a'r **Ddau Ddull Cyfrifiannell**, yna cuddiwch y tudalen ac **ysgrifennwch nhw**.

**Cuddiwch y ddau dudalen ac atebwch y canlynol**:
1) Rhowch y Tair Rheol ar gyfer ffurf safonol.
2) Mynegwch 958,000 yn y ffurf indecs safonol.
3) Mynegwch 0.00018 yn y ffurf indecs safonol.
4) Mynegwch $4.56 \times 10^3$ fel rhif cyffredin.
5) Cyfrifwch y canlynol gan ddefnyddio eich cyfrifiannell: $(3.2 \times 10^{12}) \div (1.6 \times 10^{-9})$, ac ysgrifennwch yr ateb, yn gyntaf yn y ffurf safonol ac yna fel rhif cyffredin.

# Pwerau (neu "Indecsau")

Mae pwerau yn llaw-fer
ddefnyddiol iawn:

$$2\times2\times2\times2\times2\times2\times2 \quad = 2^7 \ (\text{"dau i'r pŵer 7"})$$
$$7\times7 \quad = 7^2 \ (7 \text{ wedi ei sgwario})$$
$$6\times6\times6\times6\times6 \quad = 6^5 \ (\text{"Chwech i'r pŵer 5"})$$
$$4\times4\times4 \quad = 4^3 \ (\text{"4 wedi ei giwbio"})$$

Mae'r darn hwn yn hawdd ei gofio. Yn anffodus, mae **SAITH RHEOL ARBENNIG** ar gyfer
pwerau ac nid yw'r rhain mor hawdd, ond **bydd angen i chi eu gwybod ar gyfer yr arholiad**:

## Y Saith Rheol

1) Wrth **LUOSI**, rydych yn
   **ADIO**'r pwerau

   e.e. $\quad 3^4 \times 3^6 = 3^{6+4} = 3^{10}$
   $\quad\quad 8^3 \times 8^5 = 8^{3+5} = 8^8$

2) Wrth **RANNU**, rydych yn
   **TYNNU**'r pwerau

   e.e. $\quad 5^4 \div 5^2 = 5^{4-2} = 5^2$
   $\quad\quad 12^8/12^3 = 12^{8-3} = 12^5$

3) Wrth **GODI** un pŵer i bŵer arall,
   rydych yn **LLUOSI**'r pwerau

   e.e. $\quad (3^2)^4 = 3^{2\times4} = 3^8$
   $\quad\quad (5^4)^6 = 5^{24}$

4) $x^1 = x$, **UNRHYW RIF I'R PŴER 1**
   yw'r **RHIF EI HUNAN**

   e.e. $\quad 3^1 = 3 \quad\quad 6 \times 6^3 = 6^4$
   $\quad\quad 4^3 \div 4^2 = 4^{3-2} = 4^1 = 4$

5) $x^0 = 1$, **UNRHYW RIF I'R
   PŴER 0 yw 1**

   e.e. $\quad 5^0 = 1 \quad\quad\quad 67^0 = 1$
   $\quad\quad 3^4/3^4 = 3^{4-4} = 3^0 = 1$

6) $1^x = 1$, **1 i UNRHYW BŴER
   yw 1**

   e.e. $\quad 1^{23} = 1 \quad\quad\quad 1^{89} = 1$
   $\quad\quad 1^2 = 1 \quad\quad\quad 1^{1012} = 1$

**Mae PWERAU FFRACSIYNOL yn golygu un peth: ISRADDAU**

7) Mae'r Pŵer $\frac{1}{2}$ yn golygu **Ail Isradd**, e.e. $25^{\frac{1}{2}} = \sqrt{25} = 5$

Mae'r Pŵer $\frac{1}{3}$ yn golygu **Trydydd Isradd**, e.e. $64^{\frac{1}{3}} = \sqrt[3]{64} = 4$

## Y Prawf Hollbwysig

DYSGWCH y **Saith Rheol** ar gyfer Pwerau. Yna
**cuddiwch** y tudalen ac **ysgrifennwch nhw**.
Daliwch ati nes byddwch yn llwyddo.

Yna cuddiwch y tudalen a defnyddiwch y rheolau i **SYMLEIDDIO**'r rhain:

1) a) $3^2 \times 3^6$    b) $4^3 \div 4^2$    c) $(8^3)^4$    ch) $(3^2 \times 3^3 \times 1^6)/3^5$    d) $7^3 \times 7 \times 7^2$

2) a) $5^2 \times 5^7 \times 5^3$    b) $1^3 \times 5^0 \times 6^2$    c) $(4^3 \times 4 \times 4^2) \div (2^3 \times 2^4)$

3) Os yw $6 \times 6 \times 6 = 216$, beth yw gwerth $216^{1/3}$?

# Ail Israddau a Thrydydd Israddau

## Ail Israddau

Mae "**wedi ei sgwario**" yn golygu "**wedi ei luosi â'i hunan**": $p^2 = p \times p$
– AIL ISRADD yw'r broses **wedi ei gwrthdroi**

Y ffordd orau o feddwl am y peth yw fel hyn:

### Mae "Ail Isradd" yn golygu "Pa Rif wedi ei Luosi â'i Hunan sy'n rhoi ..."

**Enghraifft**    "**Darganfyddwch ail isradd 49**"    (h.y.    "Darganfyddwch $\sqrt{49}$"
neu "Darganfyddwch $49^{1/2}$")

I wneud hyn dylech ofyn: "**Pa rif wedi ei luosi â'i hunan sy'n rhoi 49?**"

Os ydych wedi dysgu'r dilyniannau rhif ar t. 4 (fel y dywedwyd wrthych am wneud) yna byddwch yn gwybod yn syth mai'r ateb yw 7.

**FODD BYNNAG**, rhaid dweud mai'r **ffordd orau o ddarganfod unrhyw ail isradd** yw drwy ddefnyddio'r **BOTWM AIL ISRADD**: Pwyswch **49** [√] = 7    (Gweler t. 17)

## Trydydd Israddau

Mae "**wedi ei giwbio**" yn golygu "**wedi ei luosi â'i hunan dair gwaith**": $T^3 = T \times T \times T$
– TRYDYDD ISRADD yw'r broses **wedi ei gwrthdroi**

### Mae "Trydydd Isradd" yn golygu "Pa Rif wedi ei Luosi â'i Hunan DAIR GWAITH sy'n rhoi ..."

**Enghraifft**    "**Darganfyddwch drydydd isradd 64**" (h.y. "Darganfyddwch $\sqrt[3]{64}$"
neu    "Darganfyddwch $64^{1/3}$")

I wneud hyn dylech ofyn: "**Pa rif wedi ei luosi â'i hunan DAIR GWAITH sy'n rhoi 64?**"

Ar ôl adolygu t. 4 byddwch yn gwybod wrth gwrs mai'r ateb yw 4.

**FODD BYNNAG**, mewn enghreifftiau mwy dieithr, **y ffordd orau o ddarganfod unrhyw drydydd isradd** yw drwy ddefnyddio'r **BOTWM TRYDYDD ISRADD**: Pwyswch **27** [∛] = 3 (Gweler t. 17)

## A Pheidiwch ag Anghofio:

Mai dim ond ffordd arall o ofyn am **AIL ISRADD** yw "**RHYWBETH I'R PŴER $\frac{1}{2}$**"
e.e.   Mae $81^{1/2}$ yn gyfystyr â $\sqrt{81}$, sef **9**.

Mai dim ond ffordd arall o ofyn am **DRYDYDD ISRADD** yw "**RHYWBETH I'R PŴER $\frac{1}{3}$**"
e.e.   Mae $27^{1/3}$ yn gyfystyr â $\sqrt[3]{27}$, sef **3**.

## Y Prawf Hollbwysig

**DYSGWCH** y 2 osodiad yn y bocsys tywyll, y **dull gorau o ddarganfod israddau** a beth yw ystyr **pwerau ffracsiynol**.

Cuddiwch y tudalen ac ysgrifennwch bopeth rydych wedi ei ddysgu.

1) Defnyddiwch eich cyfrifiannell i ddarganfod **a)** $56^{1/2}$  **b)** $450^{1/3}$  **c)** $\sqrt{200}$  **ch)** $\sqrt[3]{8000}$
2) **a)**  Os yw $g^2 = 36$, darganfyddwch $g$.   **b)**  Os yw $b^3 = 64$, darganfyddwch $b$.
   **c)**  Os yw $4 \times r^2 = 36$, darganfyddwch $r$.

# Rhoi Gwerthoedd mewn Fformwlâu

| Mae hyn yn llawer haws nag y tybiwch! | $C = \frac{5}{9}(F - 32)$ |
|---|---|

Yn gyffredinol, mae algebra yn bwnc eithaf dyrys, ond mae rhannau ohono yn hawdd IAWN, ac yn sicr **dyma'r darn hawsaf**, felly **peidiwch â cholli marciau yma**.

## Dull

Os na fyddwch yn dilyn y DULL PENODOL hwn, yna byddwch yn dal i wneud camgymeriadau.

"Beth yw F
pan fo C = 15?"

1) **Ysgrifennwch y fformwla** $\qquad\qquad\qquad$ $F = \frac{9}{5}C + 32$

2) **Ysgrifennwch hi eto**, yn union oddi tanodd, $\qquad$ $F = \frac{9}{5}15 + 32$
ond **gan rhoi rhifau yn lle'r llythrennau** ar yr OCHR DDE

3) Gweithiwch **FESUL CAM** $\qquad\qquad\qquad\qquad$ $F = 27 + 32$
Defnyddiwch **CORLAT** i gyfrifo pethau **YN Y DREFN GYWIR** $\qquad = 59$
**YSGRIFENNWCH** werth pob rhan **wrth fynd ymlaen** $\qquad$ $F = 59$

4) **PEIDIWCH** â cheisio gwneud popeth **ar unwaith** â'r cyfrifiannell.
Mae'r dull hwn **yn methu o leiaf hanner yr amser!**

## CORLAT

| **C**romfachau, **O** (flaen), **R**hannu, **L**luosi, **A**dio, **T**ynnu |
|---|

Mae CORLAT yn dweud wrthych ym mha DREFN y dylid cyfrifo pethau: Cyfrifwch y **cromfachau** yn gyntaf, **yna sgwario** etc. yna **lluosi / rhannu** grwpiau o rifau cyn **adio** neu **dynnu**. Mae'r set hon o reolau yn gweithio'n hynod o dda mewn achosion syml, felly cofiwch y gair: **CORLAT**. $\qquad\qquad\qquad$ (Gweler t. 18)

## Enghraifft

**Ateb**:

| Rhoddir gwerth T gan: $\quad T = (P - 7)^2 + 4R/Q$ |
|---|
| Darganfyddwch werth T pan yw $P = 4$, $Q = -2$ ac $R = 3$ |

1) Ysgrifennwch y fformwla: $\quad T = (P - 7)^2 + 4R/Q$ $\quad\longleftarrow$ **Sylwch sut mae CORLAT**
2) Rhowch y rhifau i mewn: $\quad T = (4 - 7)^2 + 4 \times 3/\text{-}2$ $\qquad$ **yn gweithio**:
3) Yna gweithiwch **fesul cam**: $\qquad = (-3)^2 + 12/\text{-}2$ $\qquad\qquad$ **Cromfachau'n** gyntaf, yna **sgwario**.
$\qquad\qquad\qquad\qquad\qquad = 9 + \text{-}6$ $\qquad\qquad$ Yna **lluosi** a **rhannu** ac i orffen
$\qquad\qquad\qquad\qquad\qquad = 9 - 6 = 3$ $\qquad\qquad$ **adio** a **thynnu**.

## Y Prawf Hollbwysig

| DYSGWCH 4 Cam y Dull Amnewid ac ystyr CORLAT. Yna cuddiwch y tudalen ... |
|---|

... ac ysgrifennwch y cyfan oddi ar eich cof. **1)** Defnyddiwch yr enghraifft uchod i ymarfer, nes gallwch wneud y gwaith yn rhwydd a heb gymorth.
**2)** Os yw $C = \frac{5}{9}(F - 32)$, darganfyddwch werth C pan yw F = 77.

# Y Ffordd Hawdd o Ddatrys Hafaliadau

Mae'r ffordd "gywir" o ddatrys hafaliadau yn cael ei dangos ar t. 86. Yn ymarferol, gall y ffordd "gywir" fod yn eithaf anodd, felly mae cryn dipyn i'w ddweud o blaid dulliau sy'n llawer haws.

Yr anfantais gyda'r rhain yw na ellir eu defnyddio bob amser wrth ddelio â hafaliadau cymhleth iawn. Ond yn y rhan fwyaf o gwestiynau arholiad maent yn gwneud y tro'n iawn.

## 1) Y DULL "SYNNWYR CYFFREDIN"

Yn yr achos hwn, y gamp yw sylweddoli mai dim ond rhif anhysbys yw "$x$" ac mai dim ond cliw cryptig sy'n eich helpu i'w ddarganfod yw'r hafaliad.

**Enghraifft:**

E.e. Datryswch yr hafaliad: $3x + 4 = 46$   (h.y. darganfyddwch pa rif yw $x$)

**Ateb:**   Dyma ddylech chi ei ddweud wrthych eich hun:

"Mae **rhywbeth + 4 = 46**". Felly mae'n rhaid bod y "rhywbeth" hwn yn 42.

Mae hyn yn golygu $3x = 42$, sy'n golygu "3 gwaith rhywbeth = 42"

Felly mae'n rhaid iddo fod yn 42 ÷ 3 sy'n 14. felly mae **$x = 14$**"

Mewn geiriau eraill, peidiwch â meddwl am y peth yn nhermau algebra, ond yn nhermau "**Darganfyddwch y rhif anhysbys**".

## 2) Y DULL "CYNNIG A CHYNNIG"

Mae'r dull hwn yn hollol dderbyniol, ac er na fydd yn gweithio bob amser, mae'n gwneud fel arfer, yn enwedig os yw'r rhif yn **rhif cyfan**.

**Cyfrinach fawr y dull cynnig a chynnig** yw **darganfod DAU WERTH sy'n arwain at GANLYNIADAU CROES I'W GILYDD. Yna cynnig gwerthoedd RHWNG Y RHAIN.** E.e. Darganfod gwerth $x$ sy'n gwneud **OCHR DDE hafaliad yn rhy fawr**, ac yna darganfod gwerth $x$ sy'n gwneud yr **OCHR CHWITH yn rhy fawr**. Wedyn cynnig gwerthoedd **rhyngddynt**. (Gweler t. 85)

**Enghraifft:**

Datryswch yr hafaliad: $3x + 5 = 21 - 5x$   (h.y. darganfyddwch y rhif $x$)

**Ateb:**

Cynigiwch $x = 1$: $3 + 5 = 21 - 5$,   $8 = 16$ — anghywir, **OCHR DDE yn rhy fawr**

Cynigiwch $x = 3$: $9 + 5 = 21 - 15$,   $14 = 6$ — anghywir, **OCHR CHWITH yn rhy fawr**

**CYNIGIWCH WERTH RHYNGDDYNT:**
$x = 2$:   $6 + 5 = 21 - 10$,   $11 = 11$,   CYWIR, felly **$x = 2$**

## Y Prawf Hollbwysig

**DYSGWCH y ddau ddull hyn. Cuddiwch y tudalen a'u hysgrifennu** gan roi enghraifft o bob un.

1) Datryswch: $4x - 12 = 20$   2) Datryswch: $3x + 5 = 5x - 9$

# Algebra Sylfaenol

## 1) Termau

Cyn y gallwch wneud dim byd arall, RHAID i chi ddeall beth yw ystyr TERM:

1) **TERM YW CASGLIAD O RIFAU, LLYTHRENNAU A CHROMFACHAU, A'R CWBL WEDI EU LLUOSI / RHANNU Â'I GILYDD**

2) **Caiff TERMAU eu GWAHANU gan ARWYDDION + a −**   E.e. $4x^2 - 3py - 5 + 3p$

3) Mae gan DERMAU bob amser naill ai + neu − **O'U BLAENAU**

4) E.e.   $4xy$   $+ 5x^2$   $- 2y$   $+ 6y^2$   $+ 4$

Arwydd +
anweledig   term "$xy$"   term "$x^2$"   term "$y$"   term "$y^2$"   term "rhif"

## 2) Symleiddio               "Casglu Termau Tebyg"

**Enghraifft**:               "Symleiddiwch   $2x - 4 + 5x + 6$"

$2x$  $- 4$  $+ 5x$  $+ 6$   $=$   $+ 2x$  $+ 5x$  $- 4$  $+ 6$

termau $x$   termau rhif   $7x$   $+ 2$   $= 7x + 2$

1) **Rhowch swigen am bob term** – gwnewch yn siŵr eich bod yn **cadw'r arwydd + /− sydd O FLAEN pob term**.

2) Yna gallwch **symud y "swigod" i'r drefn orau** fel y bydd **TERMAU TEBYG** gyda'i gilydd.

3) Mae gan "**DERMAU TEBYG**" yr un cyfuniad o lythrennau, e.e. termau $x$ neu dermau $xy$.

4) **Cyfunwch y TERMAU TEBYG** gan ddefnyddio'r **LLINELL RIF** (nid y rheol arall ar gyfer rhifau negatif).

## 3) Lluosi Cromfachau

1) Mae'r hyn sydd y **TU ALLAN** i'r cromfachau **yn lluosi pob term sydd O FEWN y cromfachau**.

2) Pan gaiff llythrennau **eu lluosi â'i gilydd**, cânt eu **hysgrifennu nesaf at ei gilydd**, fel hyn: $pq$

3) Cofiwch, $R \times R = R^2$, ac mae $TY^2$ yn golygu $T \times Y \times Y$, tra bo $(TY)^2$ yn golygu $T \times T \times Y \times Y$

4) Cofiwch fod **arwydd minws y tu allan i'r cromfachau YN GWRTHDROI'R HOLL ARWYDDION** pan fyddwch yn lluosi.

**Enghreifftiau**:

1) $3(2x + 5) = 6x + 15$

2) $4p(3r - 2t) = 12pr - 8pt$

3) $-4(3p^2 - 7q^3) = -12p^2 + 28q^3$ (sylwch fod y ddau arwydd wedi eu gwrthdroi – Rheol 4)

# Algebra Sylfaenol

## 4) Ehangu a Symleiddio

a) **Gyda CHROMFACHAU DWBL** cewch **4 term** ar ôl y lluosi ac fel arfer bydd **2 ohonynt yn cyfuno** gan adael **3 therm**, fel hyn:

$$(2p - 4)(3p + 1) = (2p \times 3p) + (2p \times 1) + (-4 \times 3p) + (-4 \times 1)$$
$$= 6p^2 + 2p - 12p - 4$$
$$= 6p^2 - 10p - 4 \qquad \text{(mae'r rhain yn cyfuno)}$$

b) **SGWARIO CROMFACHAU** E.e. $(3d + 5)^2$ **Cofiwch ysgrifennu'r rhain BOB AMSER** fel dwy set o gromfachau: $(3d + 5)(3d + 5)$ ac yna gweithio'n **OFALUS**:

$$(3d + 5)(3d + 5) = 9d^2 + 15d + 15d + 25 = \mathbf{9d^2 + 30d + 25}$$

DYLECH BOB AMSER GAEL **PEDWAR** TERM trwy sgwario cromfachau, ac wrth gwrs bydd **dau o'r rhain** yn cyfuno gan adael **TRI THERM**, fel y dangosir uchod.

Gyda llaw, yr ateb **ANGHYWIR ARFEROL** yw $(3d + 5)^2 = 9d^2 + 25$  Gwyliwch rhag hyn!

## 5) Ffactorio — rhoi mewn cromfachau

Mae hyn yn **hollol groes** i'r broses o luosi cromfachau. Dyma'r dull i'w ddilyn:

1) Ysgrifennwch y **rhif mwyaf** y gellir rhannu'r holl dermau ag ef

2) **Ystyriwch bob llythyren yn ei thro** ac ysgrifennwch y **p̂wer mwyaf** (e.e. $x$, $x^2$ etc) sy'n gyffredin i BOB term

3) Rhowch gromfachau a **llanwch bopeth sydd ei angen i atgynhyrchu pob term**

**Enghraifft:** Ffactoriwch $15x^4y + 20x^2y^3z - 35x^3yz^2$

**Ateb:** $5x^2y(3x^2 + 4y^2z - 7xz^2)$

Y rhif mwyaf y gellir rhannu 15, 20 a 35 ag ef

Pwerau mwyaf $x$ ac $y$ sy'n gyffredin i'r 3 therm

Nid oedd $z$ ym MHOB term ac felly nid yw'n **ffactor cyffredin**

Cofiwch:

1) Y darnau **a dynnwyd allan a'u rhoi ar y blaen** yw'r **FFACTORAU CYFFREDIN**

2) Y darnau **y tu mewn i'r cromfachau** yw'r hyn **sydd ei angen i gael y termau gwreiddiol** petai rhywun yn lluosi'r cromfachau unwaith eto

## Y Prawf Hollbwysig

**DYSGWCH** y **manylion pwysig** ar gyfer **y 5 rhan** ar y 2 dudalen hyn, yna **cuddiwch y tudalen** ac **ysgrifennwch y cyfan**.

Yna defnyddiwch y dulliau ar gyfer y canlynol:

1) Symleiddiwch:    **a)** $5x + 3y - 4 - 2y - x$      **b)** $4k + 3y^2 - 6k + y^2 + 2$

2) Ehangwch:    **a)** $2pq(3p - 4q^2)$     **b)** $(2g + 5)(4g - 2)$    **c)** $(4 - 3h)^2$

3) Ffactoriwch:    **a)** $14x^2y^3 + 21xy^2 - 35x^3y^4$      **b)** $12h^2j^3 + 6h^4j^2k - 36h^3jk$

# Hafaliadau Cwadratig

## Datrys Hafaliadau Cwadratig drwy Ffactorio

Golyga "**ffactorio mynegiad cwadratig**" ei "**roi mewn 2 set o gromfachau**" ac mae amryw o wahanol ffyrdd o wneud hyn. Os nad oes ots gennych pa ddull i'w ddefnyddio, yna dysgwch y dull canlynol o ddatrys hafaliadau cwadratig. Ffurf safonol pob hafaliad cwadratig yw:

$$x^2 + bx + c = 0 \qquad \text{E.e.} \quad x^2 + 3x + 2 = 0$$

## Dull Ffactorio

1) **COFIWCH** ad-drefnu yn y **FFURF SAFONOL**: $x^2 + bx + c = 0$

2) Ysgrifennwch y **DDWY SET O GROMFACHAU** ag $x$ ynddynt: $(x \quad)(x \quad) = 0$

3) Yna **darganfyddwch 2 rif** sy'n **LLUOSI i roi "c"** (y rhif olaf)
   ac sydd hefyd yn **ADIO / TYNNU i roi "b"** (cyfernod $x$)

4) Rhowch y rhain i mewn a gwiriwch fod yr arwyddion + / − yn gweithio'n iawn.

## Enghraifft

**Datryswch** $x^2 - x = 12$ **drwy ffactorio**

ATEB:

1) **Yn gyntaf ad-drefnwch** yr hafaliad (yn y ffurf safonol): $x^2 - x - 12 = 0$

2) Cyfernod $x^2$ yw 1, felly'r cromfachau cychwynnol yw: $(x \quad)(x \quad) = 0$

3) Nawr mae angen edrych ar **yr holl barau o rifau** sy'n **lluosi i roi "c"** (= 12)
   ond **sydd hefyd yn adio neu dynnu i roi gwerth "b"**: (-1)

   | $1 \times 12$ | Adio / tynnu i roi: | 13 neu 11 |
   | $2 \times 6$ | Adio / tynnu i roi: | 8 neu 4 |
   | $3 \times 4$ | Adio / tynnu i roi: | 7 neu ①  ← Dyma ni! $(\pm b)$ |

4) Felly mae 3 a 4 yn rhoi $b = \pm 1$, felly rhowch nhw i mewn: $(x \quad 3)(x \quad 4) = 0$

5) **Nawr rhowch yr arwyddion + / −** fel bo'r 3 a'r 4 yn adio / tynnu i roi -1 (=$b$).
   Mae'n amlwg mai'r rhifau yw +3 a -4 felly mae gennym: $(x + 3)(x - 4) = 0$

6) Rhaid **gwirio** hyn, felly **LLUOSWCH** y cromfachau eto i wneud yn siŵr eu bod
   yn rhoi'r mynegiad gwreiddiol: $(x + 3)(x - 4) = x^2 + 3x - 4x - 12 = x^2 - x - 12$

**Cofiwch nad dyma'r diwedd**, oherwydd dim ond **ffurf ffactor yr hafaliad** yw
$(x + 3)(x - 4) = 0$ — rhaid rhoi'r **DATRYSIADAU**. Mae hynny'n hawdd iawn:

7) **Y DATRYSIADAU**, yn syml iawn, **yw'r ddau rif y tu mewn i'r cromfachau**,
   gydag **ARWYDDION + / − GWAHANOL**, h.y.         $x = -3$ neu $+4$

Gwnewch yn siŵr eich bod yn cofio'r cam olaf. **Dyma'r gwahaniaeth** rhwng
**DATRYS YR HAFALIAD** a ffactorio yn unig.

## Y Prawf Hollbwysig

DYSGWCH y **7 cam** i ddatrys hafaliadau cwadratig drwy **ffactorio**.

1) Datryswch y canlynol **drwy'r dull ffactorio**:    a) $x^2 + 5x + 6 = 0$    b) $x^2 + 8x + 12 = 0$
   c) $x^2 + 5x - 24 = 0$    ch) $x^2 - 6x + 9 = 16$

# Cynnig a Chynnig

Mewn egwyddor, mae hon yn ffordd hawdd o ddarganfod atebion bras i hafaliadau eithaf cymhleth, yn enwedig rhai "ciwbig" (rhai sy'n cynnwys $x^3$). OND ...... rhaid i chi wneud ymdrech i **DDYSGU MANYLION** y dull hwn, neu wnewch chi byth ei ddeall.

## Dull

1) **RHOWCH DDAU WERTH CYCHWYNNOL** yn yr hafaliad sy'n rhoi **CANLYNIADAU CROES I'W GILYDD**. Fel arfer mae'r ddau werth cychwynnol yn cael eu hawgrymu yn y cwestiwn. Os nad ydynt, bydd yn rhaid i chi feddwl am rai eich hun. Golyga canlyniadau croes **un canlyniad sy'n rhy fawr a chanlyniad arall sy'n rhy fach**, neu **un canlyniad positif ac un canlyniad negatif**. Os nad ydynt yn ganlyniadau croes, rhowch gynnig arall arni.

2) Nawr DEWISWCH Y GWERTH NESAF **RHWNG** Y DDAU WERTH CYCHWYNNOL, a'i **ROI yn yr hafaliad. Daliwch ati i wneud hyn**, gan ddewis gwerth newydd bob tro **rhwng y ddau werth sy'n arwain at y canlyniadau croes agosaf**, (os yn bosibl yn nes at y gwerth sydd agosaf at yr ateb rydych ei angen).

3) **AR ÔL 3 NEU 4 O GAMAU YN UNIG** dylech gael **2 rif** sydd i'r radd gywir o gywirdeb **OND SY'N GWAHANIAETHU O 1 YN Y DIGID OLAF**. Er enghraifft, pe byddai raid i chi roi'r gwerth i 2 le degol, yna yn y diwedd byddech yn gorffen gyda 5.43 a 5.44, dyweder, a byddai'r rhain yn rhoi canlyniadau CROES wrth gwrs.

4) **Nawr** rydych BOB AMSER yn cymryd yr **Union Werth Canol** i benderfynu pa un yw'r gwerth sydd ei angen. E.e. yn achos 5.43 a 5.44 byddech yn cynnig 5.435 er mwyn gweld a yw'r gwerth cywir **rhwng 5.43 a 5.435** ynteu rhwng **5.435 a 5.44** (gweler isod).

## Enghraifft

Mae datrysiad yr hafaliad $x^3 + x = 40$ rhwng 3 a 3.5. Darganfyddwch y datrysiad i 1 Ll.D.

| Cynigiwch $x = 3$ | $3^3 + 3 = 30$ | (Canlyniad rhy fach) |
| Cynigiwch $x = 3.5$ | $3.5^3 + 3.5 = 46.375$ | (Canlyniad rhy fawr) |

← (2 ganlyniad croes)

Y canlyniad sydd ei angen yw 40, sydd yn nes at 46.375 nag at 30, felly dewiswch werth arall $x$ sy'n agosach at 3.5 nag at 3.

| Cynigiwch $x = 3.3$ | $3.3^3 + 3.3 = 39.237$ | (Canlyniad rhy fach) |

Mae'r canlyniad bron yn iawn, ond rhaid gweld a yw 3.4 yn rhoi canlyniad rhy fawr neu rhy fach:

| Cynigiwch $x = 3.4$ | $3.4^3 + 3.4 = 42.704$ | (Canlyniad rhy fawr) |

Nawr gwyddom fod yn **rhaid i werth cywir $x$ fod rhwng 3.3 a 3.4**. Er mwyn darganfod pa un o'r rhain yw'r agosaf, rhaid cynnig yr **UNION WERTH CANOL**: 3.35

| Cynigiwch $x = 3.35$ | $3.35^3 + 3.35 = 40.945$ | (Canlyniad rhy fawr) |

Mae hyn yn dangos bod y datrysiad (sef gwerth cywir $x$) rhwng 3.3 (rhy fach) a 3.35 (rhy fawr), ac felly i 1 Ll.D. **rhaid talgrynnu i lawr i 3.3. ATEB = 3.3**

## Y Prawf Hollbwysig

"DYSGWCH BOPETH SYDD AR Y TUDALEN" – os nad ydych **yn mynd i gofio hyn**, yna roedd yn wastraff amser darllen y tudalen.

Er mwyn meistroli'r dull hwn, rhaid i chi **DDYSGU'r 4 cam uchod**. Gwnewch hynny'n awr, a dal ati i ymarfer nes gallwch eu **hysgrifennu heb orfod troi yn ôl at y nodiadau**. Nid yw mor anodd ag y mae'n ymddangos.

1) Mae datrysiad yr hafaliad $x^3 - 2x = 1$ rhwng 1 a 2. Darganfyddwch hwn i 1 Ll.D.

# Datrys Hafaliadau

Golyga **datrys hafaliadau** ddarganfod gwerth $x$ o rywbeth fel hyn: $3x + 5 = 4 - 5x$.
Nawr, does dim llawer yn gwybod hyn, ond **yr un dull yn union** a ddefnyddir wrth **ddatrys hafaliadau** ac wrth **ad-drefnu fformwlâu**, fel y dangosir ar y ddau dudalen hyn.

> **1)** YR UN DULL A DDEFNYDDIR GYDA FFORMWLÂU A HAFALIADAU.
> **2)** YR UN DILYNIANT O GAMAU A DDEFNYDDIR BOB TRO.

Defnyddiwn yr hafaliad canlynol i egluro'r dilyniant o gamau: $\sqrt{2 - \dfrac{x+4}{2x+5}} = 3$

## Chwe Cham i'w Dilyn gyda Hafaliadau

**1)** Rhaid dileu unrhyw arwydd ail isradd drwy **sgwario pob ochr**: $\qquad 2 - \dfrac{x+4}{2x+5} = 9$

**2)** Rhaid cael gwared o bopeth ar y gwaelod drwy
   **groes-luosi â PHOB TERM ARALL**:

$$2 - \frac{x+4}{2x+5} = 9 \qquad \Rightarrow \qquad 2(2x+5) - (x+4) = 9(2x+5)$$

**3)** Lluoswch i ddileu'r cromfachau: $\qquad\qquad 4x + 10 - x - 4 = 18x + 45$

**4)** Casglwch y **termau testun** (termau $x$) i gyd ar un ochr i'r "=" a'r **termau eraill** ar
   yr ochr arall, **gan gofio gwrthdroi arwydd + / – pob term fydd yn croesi'r "=":**

Mae $+18x$ yn croesi'r "=", felly bydd yn $-18x$
Mae $+10$ yn croesi'r "=", felly bydd yn $-10$
Mae $-4$ yn croesi'r "=", felly bydd yn $+4$

$$+/- \quad +/- \quad +/-$$
$$4x - x - 18x = 45 - 10 + 4$$

**5)** **Cyfunwch y termau tebyg** ar bob ochr i'r hafaliad, a'i symleiddio i'r ffurf **"$Ax = B$"**,
   lle mae $A$ a $B$ yn rhifau (neu'n grwpiau o lythrennau yn achos fformwlâu):

$$-15x = 39$$
$$(\text{"}Ax = B\text{"}: \quad A = -15, \quad B = 39, \quad x \text{ yw'r testun})$$

**6)** Yn olaf, **rhowch yr $A$ o dan y $B$** i roi "$x = \dfrac{B}{A}$",
   rhannwch, a dyna ni, yr ateb:

$$x = \frac{39}{-15} = -2.6 \qquad\qquad \text{Felly } x = -2.6$$

## Y Prawf Hollbwysig

> **DYSGWCH Y 6 CHAM** ar gyfer **datrys hafaliadau**
> ac **ad-drefnu** fformwlâu. Cuddiwch y tudalen ac
> ysgrifennwch nhw.

**1)** Datryswch yr hafaliadau:    **a)** $5(x + 2) = 8 + 4(5 - x)$    **b)** $\dfrac{4}{x+3} = \dfrac{6}{4-x}$

# Ad-drefnu Fformwlâu

**Ad**-drefnu Fformwla yw gwneud un llythyren yn destun,
e.e. cael "$y =$" o rywbeth fel $2x + z = 3(y + 2p)$.
Yn gyffredinol, mae "datrys hafaliadau" yn haws, ond cofiwch:

> **1)** YR UN DULL A DDEFNYDDIR GYDA FFORMWLÂU A HAFALIADAU.
> **2)** YR UN DILYNIANT O GAMAU A DDEFNYDDIR BOB TRO.

Eglurwn hyn drwy wneud "$y$" yn destun y fformwla: $\quad M = \sqrt{2K - \dfrac{K^2}{2y + 1}}$

## Chwe Cham i'w Dilyn gyda Fformwlâu

**1)** Rhaid dileu unrhyw arwydd ail isradd drwy **sgwario pob ochr**: $\quad M^2 = 2K - \dfrac{K^2}{2y + 1}$

**2)** Rhaid cael gwared o bopeth ar y gwaelod drwy
**groes-luosi â PHOB TERM ARALL**:

$$M^2 = 2K - \frac{K^2}{2y + 1} \quad \Rightarrow \quad M^2(2y + 1) = 2K(2y + 1) - K^2$$

**3)** Lluoswch i ddileu'r cromfachau: $\qquad 2yM^2 + M^2 = 4Ky + 2K - K^2$

**4)** Casglwch y **termau testun** ($y$) i gyd ar un ochr i'r "$=$" a'r **termau eraill** ar yr ochr
arall, **gan gofio gwrthdroi arwydd $+$ / $-$ pob term fydd yn croesi'r "$=$"**:

Mae $+4Ky$ yn croesi'r "$=$", felly bydd yn $-4Ky$
Mae $+M^2$ yn croesi'r "$=$", felly bydd yn $-M^2$ $\qquad 2yM^2 - 4Ky = -M^2 + 2K - K^2$

**5)** **Cyfunwch y termau tebyg** ar bob ochr i'r hafaliad, a'i symleiddio i'r ffurf "**$Ax = B$**",
lle mae $A$ a $B$ yn grwpiau o lythrennau NAD YDYNT yn cynnwys y testun ($y$).
Sylwch fod yn rhaid **FFACTORIO'r** ochr chwith:

$$(2M^2 - 4K)y = 2K - K^2 - M^2$$
("$Ax = B$" h.y. $A = (2M^2 - 4K)$, $B = 2K - K^2 - M^2$, $y$ yw'r testun)

**6)** Yn olaf, **rhowch yr $A$ o dan y $B$** i roi "$x = \dfrac{B}{A}$",
canslwch (os yn bosibl), a dyna ni, yr ateb:

Felly, $\qquad y = \dfrac{2K - K^2 - M^2}{(2M^2 - 4K)}$

## Y Prawf Hollbwysig

DYSGWCH Y **6 CHAM** ar gyfer **datrys hafaliadau**
ac **ad-drefnu** fformwlâu. Cuddiwch y tudalen ac
ysgrifennwch nhw.

**1)** Ad-drefnwch "$F = \dfrac{9}{5}C + 32$" o "$F = $", i "$C = $" ac yna yn ôl y ffordd arall.

**2)** Gwnewch $p$ yn destun y rhain: $\qquad$ **a)** $\dfrac{p}{p + y} = 4$ $\qquad$ **b)** $\dfrac{1}{p} = \dfrac{1}{q} + \dfrac{1}{r}$

# Hafaliadau Cydamserol

Nid yw'r rhain yn rhy anodd, dim ond i chi ddysgu'r **CHWE CHAM** canlynol yn fanwl iawn.

## Y Chwe Cham

Dyma enghraifft sy'n defnyddio'r ddau hafaliad canlynol:

$$2x = 6 - 4y \quad a \quad -3 - 3y = 4x$$

**1) AD-DREFNWCH Y DDAU HAFALIAD I'R FFURF:** $ax + by = c$

lle mae $a, b, c$ yn rhifau, (gallent fod yn negatif).

**LABELWCH Y DDAU HAFALIAD** hefyd — ① a — ②

$$2x + 4y = 6 \qquad — ①$$
$$-4x - 3y = 3 \qquad — ②$$

**2)** Mae angen trefnu bod cyfernodau $x$ (neu $y$) yr un fath **YN Y DDAU HAFALIAD**.
I wneud hyn efallai bydd rhaid i chi **LUOSI** un neu ddau o'r hafaliadau â rhif (rhifau) addas. Yna dylech eu **HAIL-LABELU:** — ③ a — ④

①× 2: $\qquad$ $4x + 8y = 12 \qquad — ③$ $\qquad$ (Mae hyn yn rhoi +$4x$ yn hafaliad — ③ sy'n cyd-fynd

$\qquad\qquad -4x - 3y = 3 \qquad — ④$ $\qquad$ â -$4x$ yn hafaliad — ② , a elwir nawr yn — ④ )

**3) ADIO NEU DYNNU'R DDAU HAFALIAD ...**

i gael gwared o'r termau â'r un cyfernod.

Os yw'r **cyfernodau yr UN FATH** (y ddau yn bositif neu'r ddau yn negatif) yna **TYNNU**

Os yw'r cyfernodau yn **DDIRGROES** (un yn bositif a'r llall yn negatif) yna **ADIO**

③ + ④ $\qquad$ $0x + 5y = 15$ $\qquad$ (Yn yr achos hwn mae gennym +$4x$ a -$4x$ felly rydym yn ADIO)

**4) DATRYS YR HAFALIAD** i gael gwerth y llythyren sydd ynddo.

$$5y = 15 \quad \Rightarrow \quad y = 3$$

**5) RHOI'R GWERTH HWN** yn Hafaliad ① i gael gwerth y llythyren arall.

Amnewid $y$ yn ① : $\quad 2x + 4 \times 3 = 6 \quad \Rightarrow \quad 2x + 12 = 6 \quad \Rightarrow \quad 2x = -6 \quad \Rightarrow \quad x = -3$

**6)** Yna **AMNEWID Y DDWY LYTHYREN AM EU GWERTHOEDD YN HAFALIAD** ② i wneud yn siŵr eu bod yn werthoedd cywir. Os nad ydynt, rydych wedi gwneud camgymeriad a bydd rhaid i chi ddechrau eto!

Rhowch werthoedd $x$ ac $y$ yn ② : $\quad -4 \times -3 - 3 \times 3 = 12 - 9 = 3$ sy'n gywir,

felly mae wedi gweithio.

Felly, y datrysiad yw: $\quad x = -3, \qquad y = 3$

## Y Prawf Hollbwysig

DYSGWCH y 6 Cham at gyfer datrys Hafaliadau Cydamserol.

Cofiwch, dim ond pan fyddwch yn gallu eu hysgrifennu oddi ar eich cof y byddwch wedi eu dysgu'n iawn, felly cuddiwch y tudalen a rhowch gynnig arni. Yna defnyddiwch y 6 cham i ddarganfod $F$ a $G$ o wybod bod

$$2F - 10 = 4G \qquad a \qquad 3G = 4F - 15$$

# Dau Fath o Graff

## Datrys Hafaliadau Cydamserol gan ddefnyddio Graffiau

Mae hon yn ffordd hawdd iawn o ddarganfod datrysiadau $x$ ac $y$ dau hafaliad cydamserol:

> DATRYSIAD dau HAFALIAD CYDAMSEROL yw gwerthoedd
> $x$ ac $y$ **LLE MAE EU GRAFFIAU YN CROESI**

Dyma **ENGHRAIFFT**:

> Lluniwch graffiau "$y = 2x + 3$" ac "$y = 6 - 4x$"
> a defnyddiwch eich graffiau i ddatrys yr
> hafaliadau.

1) **TABL 3 GWERTH** ar gyfer y ddau hafaliad:

| $x$ | 0 | 2 | -2 |
|---|---|---|---|
| $y$ | 3 | 7 | -1 |

| $x$ | 0 | 2 | 3 |
|---|---|---|---|
| $y$ | 6 | -2 | -6 |

2) **LLUNIWCH Y GRAFFIAU:**

Lle mae'r graffiau'n croesi
$x = \frac{1}{2}$, $y = 4$

3) **LLE MAE'R GRAFFIAU'N CROESI**,
$x = \frac{1}{2}$, $y = 4$, A dyna'r ateb!

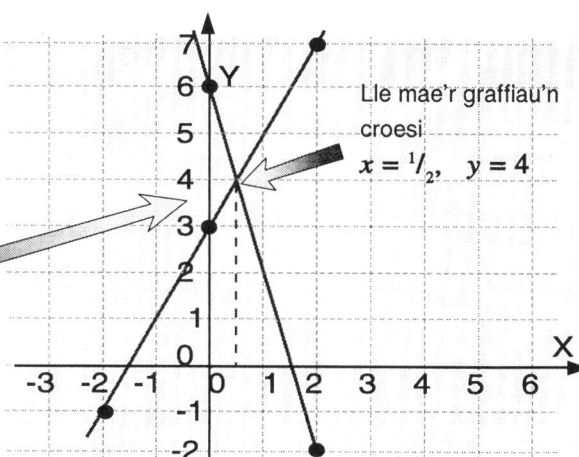

## Graffiau Teithio – Mae'r rhain bob amser yr un fath, a bob amser yn hawdd

### Y PEDWAR PWYNT ALLWEDDOL:

1) Mae **GRAFF TEITHIO** bob amser yn graff **PELLTER** (↑) yn erbyn **AMSER** (→).

2) Ar gyfer unrhyw ran, **GOLEDD (graddiant) = BUANEDD**, ond byddwch yn ofalus gyda'r UNEDAU.

3) Yn **RHANNAU FFLAT** y graff, nid oes **SYMUDIAD**.

4) **MWYAF SERTH** yw'r graff, **MWYAF CYFLYM** yw'r mudiant.

Pellter (metrau)

Mynd i ffwrdd

Dod yn ôl

Wedi stopio

Y rhan serthaf yw'r rhan gyflymaf

12 munud

2pm    3pm    4pm    Amser

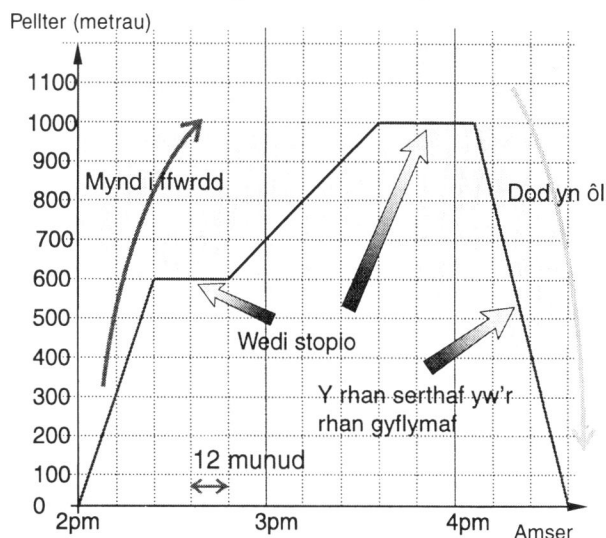

**CWESTIWN CYFFREDIN: Beth yw buanedd y rhan "dod yn ôl" ar y graff a ddangosir?**

**ATEB:**   Buanedd = graddiant = 1000m/30 munud = 33.33 m/munud
Mae braidd yn wirion defnyddio m/munud, felly, yn hytrach defnyddiwch:
1km ÷ 0.5 awr = 2 km/awr   (Gweler t. 49 ar Unedau)

## Y Prawf Hollbwysig

> **DYSGWCH** y 3 cham ar gyfer **datrys hafaliadau cydamserol** gan ddefnyddio **GRAFFIAU**, a'r **4 pwynt allweddol ar gyfer graffiau teithio.**

1) Defnyddiwch graff i ddatrys yr hafaliadau: $y = 4x - 4$  a  $y = 6 - x$
2) Yn y graff teithio a ddangosir uchod, cyfrifwch y buanedd yn y rhan ganol, gan roi eich ateb mewn km/a. Hefyd, disgrifiwch beth sy'n digwydd rhwng 2pm a 4:36pm.

94

# Atebion

## ADRAN 4 – PROFION HOLLBWYSIG

**T. 53 Tebygolrwydd:** 1) $^3/_4$   **T. 54 Tebygolrwydd:** 2) 1/11,050

**T. 55 Tebygolrwydd – Diagramau Coeden:** 2) 8/15

**T. 57 Graffiau a Siartiau:** 2) Moch Cwta 68°, Cwningod 60°, Hwyaid 104°, Pryfed Pric 48°
3) Nid ydynt yn perthyn i'w gilydd mewn unrhyw ffordd, h.y. dim cydberthyniad

**T. 58 Cymedr, Canolrif, Modd ac Amrediad:** Yn gyntaf: -14, -12, -5, -5, 0, 1, 3, 6, 7, 8, 10, 14, 18, 23, 25
Cymedr = 5.27, Canolrif = 6, Modd = -5, Amrediad = 39

**T. 60 Tablau Amledd:**

| Nifer y Teleffonau | 0 | 1 | 2 | 3 | 4 | 5 | 6 | CYFANSWM |
|---|---|---|---|---|---|---|---|---|
| Amledd | 1 | 25 | 53 | 34 | 22 | 5 | 1 | 141 |
| Nifer × Amledd | 0 | 25 | 106 | 102 | 88 | 25 | 6 | 352 |

Cymedr = 2.5, Canolrif = 2, Modd = 2, Amrediad = 6

**T. 61 Tablau Amledd Grŵp:**

| Hyd (cm) | 15.5 – | 16.5 – | 17.5 – | 18.8 – 19.5 | CYFANSWM |
|---|---|---|---|---|---|
| Amledd | 12 | 18 | 23 | 8 | 61 |
| Gwerth Canol Cyfwng | 16 | 17 | 18 | 19 | – |
| Aml × GCC | 192 | 306 | 414 | 152 | 1064 |

Cymedr = 17.4, Grŵp Moddol = 17.5 – 18.5, Canolrif ≈ 17.5

**T. 62/63 Amledd Cronnus:**

| Pwysau (kg) | 41 – 45 | 46 – 50 | 51 – 55 | 56 – 60 | 61 – 65 | 66 – 70 | 71 – 75 |
|---|---|---|---|---|---|---|---|
| Amledd | 2 | 7 | 17 | 25 | 19 | 8 | 2 |
| Aml. Cronnus | 2 | 9 | 26 | 51 | 70 | 78 | 80 |

Canolrif = 58kg
Chwartel Isaf = 53kg
Chwartel Uchaf = 62kg
Amrediad Rhyngchwartel = 9kg

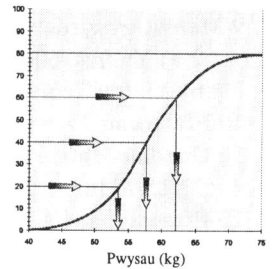

Pwysau (kg)

## ADRAN 5 – PROFION HOLLBWYSIG

**T. 65 Darganfod Graddiant Llinell:** Graddiant = $-1^1/_2$

**T. 66 Cyfesurynnau X, Y a Z:** 1) A(4,5) B(6,0) C(5,-5) D(0,-3) E(-5,-2) F(-4,0) G(-3,3) H(0,5)
2) Corneli'r Bocs: C(0,4,0) D(0,0,0), E(7,0,2), F(7,4,2) G(0,4,2) H(0,0,2)

**T. 67 Graffiau Hawdd y Dylech eu Gwybod:** 1) a) $y = x$ b) $y = -x$ c) $y = 2$ ch) $y = ^1/_2x$ 2)

**T. 70 Plotio Graffiau Llinell Syth:** 1) a) 2)

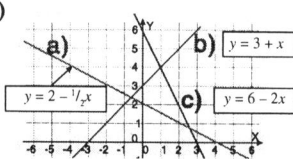

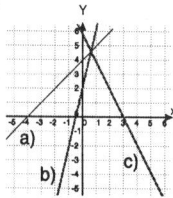

**T. 71 1)**

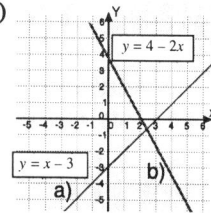

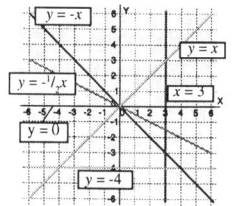

**T. 73 Cwestiynau Cyffredin ar Graffiau:**

1)

| x | -2 | -1 | 0 | 1 | 2 | 3 | 4 | 5 | 6 |
|---|---|---|---|---|---|---|---|---|---|
| y | 15 | 8 | 3 | 0 | -1 | 0 | 3 | 8 | 15 |

2) $y = 3.8$ $x = -1.6$ a 5.6
3) Milltiroedd y Galwyn, h.y. faint o danwydd a ddefnyddiwyd

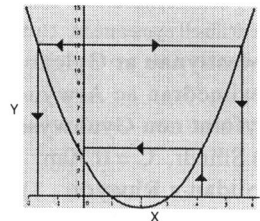

## ADRAN 6 – PROFION HOLLBWYSIG

**T. 75 Rhifau Negatif:** 1 a) +12 (Rheol 1) b) -6 (Rheol 1 / Rheol 2) c) $x$ (Rheol 2, yna Rheol 1) ch) -3 (Rheol 1)
2a) +18 (Rheol 1) b) -216 (Rheol 1) c) 2 (Rheol 2) ch) -27 (Rheol 1) d) -336 (Rheol 1 yna Rheol 2)

**T. 77 Ffurf Safonol:** 1) Gw. t. 76 2) $9.58 \times 10^5$ 3) $1.8 \times 10^{-4}$ 4) 4560 5) $2 \times 10^{21}$, 2,000,00..... (21 sero!)

**T. 78 Pwerau:** 1) a) $3^8$ b) 4 c) $8^{12}$ ch) 1 d) $7^6$ 2) a) $5^{12}$ b) 36 neu $6^2$ c) $2^5$ 3) 6

**T. 79 Ail a Thrydydd Israddau:** 1) a) 7.48 b) 7.66 c) 14.14 ch) 20 2 a) $g = 6$ b) $b = 4$ c) $r = 3$

**T. 80 Amnewid:** 2) 25° C **T. 81 Hafaliadau Hawdd:** 1) $x = 8$ 2) $x = 7$ **T. 83 Algebra Sylfaenol:**
1) a) $4x + y - 4$ b) $4y^2 - 2k + 2$ 2) a) $6p^2q - 8pq^3$ b) $8g^2 + 16g - 10$ c) $16 - 24h + 9h^2$
3) a) $7xy^2(2xy + 3 - 5x^2y^2)$ b) $6h^2j(2j^2 + h^2jk - 6hk)$ **T. 84 Hafaliadau Cwadratig:**
1) a) $x = -2$ neu -3 b) $x = -6$ neu -2 c) $x = 3$ neu -8 ch) $x = 7$ neu -1

**T. 85 Cynnig a Chynnig:** 1) $x = 1.6$ **T. 86 Datrys Hafaliadau:** 1) a) $x = 2$ b) $x = -0.2$

**T. 87 Fformwlâu:** 1) $C = ^5/_9(F - 32)$, $F = ^9/_5C + 32$ 2) a) $p = -4y/3$ b) $p = rq/(r + q)$

**T. 88 Hafaliadau Cydamserol:** $F = 3$ $G = -1$ **T. 89 Graffiau:** 1) $x = 2$, $y = 4$ 2) 0.5 km/awr

**T. 90 Anhafaleddau:** 1) $x \geq -2$ 2) -4, -3, -2, -1, 0, 1 **T. 91 Anhafaleddau Graffigol:** 1)

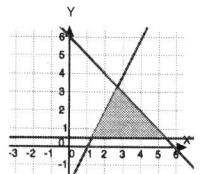

# Mynegai

# Mynegai